Publié en 2024

Les pyramides d'Égypte revisitées

Troisième édition augmentée

Moustafa Gadalla

TABLE DES MATIÈRES

1

L'AUTEUR

Moustafa Gadalla est un égyptologue indépendant égypto-américain né au Caire, en Égypte, en 1944. Il est titulaire d'un baccalauréat ès sciences en génie civil de l'Université du Caire.

Dès sa petite enfance, Gadalla a poursuivi avec passion ses racines égyptiennes antiques, à travers des études et des recherches continues. Depuis 1990, il consacre et concentre tout son temps à la recherche et à l'écriture.

Gadalla est l'auteur de vingt-deux livres publiés de renommée internationale sur les divers aspects de l'histoire et de la civilisation de l'Égypte ancienne et ses influences dans le monde entier. En outre, il exploite un centre de ressources multimédia pour des études précises et éducatives sur l'Égypte ancienne, présentées d'une manière engageante, pratique et intéressante qui plaît au grand public.

Il a été le fondateur de la Tehuti Research Foundation, qui a ensuite été intégré au Centre multilingue de la sagesse égyptienne multilingue (https://www.egyptianwisdomcenter.org) dans plus de dix langues.
Le site Web comprend également une autre activité en cours ; la création et production de projets d'arts du spectacle tels que Isis Rises Operetta, Horus The Initiate Operetta ; Opérette des déesses égyptiennes ; et quelques autres productions suivront.

2

PRÉFACE

De loin, nous pourrions avoir l'impression que tout ce que nous avons appris sur les pyramides a du sens, mais une analyse plus approfondie prouve le contraire. Cet ouvrage entend démonter de nombreuses idées fausses au sujet des pyramides de l'Égypte antique.

Ce livre offre un regard inédit sur les intérieurs et les extérieurs des pyramides égyptiennes en maçonnerie, les théories concernant leur construction, leur finalité et leur fonction ainsi que sur la géométrie sacrée qui a inspiré leur conception.

Cet ouvrage est la troisième édition revue et augmentée de la deuxième édition intitulée *Pyramid Handbook,* qui était elle-même une mise à jour de la première édition : *Pyramid Illusions: A Journey to the Truth* de Moustafa Gadalla.

Cette nouvelle édition approfondit et complète le contenu de l'édition précédente. Nous avons également ajouté un grand nombre de photographies accompagnant les textes tout au long de l'ouvrage.

Cet ouvrage comprend sept parties richement illustrées, pour un total de 18 chapitres.

La Partie I : Vue d'ensemble comprend les deux chapitres 1 et 2 suivants :

Le chapitre 1 : **Le contexte** fournit une brève présentation des « théories » courantes et des contre-arguments s'appuyant sur des faits réels.

Le chapitre 2 : **Les véritables pyramides en maçonnerie** fournit une liste des pyramides égyptiennes qui ont été construites sous la 4e dynastie il y a environ 4 500 ans.

La Partie II : Comparaison des pyramides et des tombes comprend les deux chapitres 3 et 4 :

Le chapitre 3 : **La "pyramide à degrés de Djéser"** analyse en détail la superstructure et les chambres souterraines de cette pyramide.

Le chapitre 4 : **Les tombes fictives** illustre les caractéristiques d'une tombe typique de l'Égypte antique et ses différences avec les intérieurs des pyramides égyptiennes en maçonnerie de la 4e dynastie.

La Partie III : Pyramides – Fonctions et Formes comprend les deux chapitres 5 et 6 :

Le chapitre 5 : **Le complexe pyramidal** montre combien la pyramide égyptienne représentait un élément d'un complexe, relié à d'autres temples. Il étudie par ailleurs les différences entre une pyramide et un temple en termes de fonctions et de formes, ainsi que la proportion énergétique de ces structures.

Le chapitre 6 : **Le pouvoir des pyramides** examine les variations de forme des pyramides égyptiennes en maçonnerie et la manière dont ces formes attirent, conservent et canalisent les énergies cosmiques.

La Partie IV : Les techniques de construction des pyramides comprend les deux chapitres 7 et 8 :

Le chapitre 7 : **La "théorie commune" erronée** présente la "théorie" commune en détail ; la "source" non identifiée des blocs extraits d'une carrière ; l'impossibilité de tailler et modeler les blocs des pyramides ; la logistique impossible de la théorie des rampes fabriquées ; les trois immenses pyramides de Snéfrou judicieusement passées sous silence ; et une liste d'arguments réfutant la théorie occidentale courante.

Le chapitre 8 : **Les faits matériels** reprend les récits d'Hérodote au sujet de la construction des pyramides ; les techniques égyptiennes de moulage ; les différences entre les blocs de pierres naturelles et synthétiques ; les différents types de blocs en béton synthétique ; les qualités uniques des pierres de revêtement des pyramides ; les faits supplémentaires – fondés sur des preuves – en faveur des blocs en pierre synthétique ; et la mise en lumière des détails encore plus spectaculaires des précédents travaux de maçonnerie à Saqqarah.

La Partie V : Les trois pyramides de Snéfrou comprend les chapitres 9 à 11 :

Le chapitre 9 : **La pyramide Meïdoum de Snéfrou** présente en détail les extérieurs et les intérieurs de cette pyramide.

Le chapitre 10 : **La pyramide rhomboïdale de Snéfrou** présente en détail les extérieurs et les intérieurs de cette pyramide.

Le chapitre 11 : **La pyramide rouge de Snéfrou** présente en détail les extérieurs et les intérieurs de cette pyramide.

La Partie VI : Les trois pyramides de Gizeh comprend les quatre chapitres de 12 à 15 :

Le chapitre 12 : **Le plateau de Gizeh** propose un schéma d'ensemble des principaux points d'intérêts du plateau de Gizeh.

Le chapitre 13 : **La grande pyramide de Khoufou** présente en détail les extérieurs et les intérieurs de cette pyramide.

Le chapitre 14 : **La pyramide de Khafrê** présente en détail les extérieurs et les intérieurs de cette pyramide.

Le chapitre 15 : **La pyramide de Menkaourê** présente en détail les extérieurs et les intérieurs de cette pyramide.

La **Partie VII : Après les pyramides** comprend les trois chapitres 16, 17 et 18 :

Le chapitre 16 : **Mission accomplie** aborde les objectifs des Égyptiens à l'origine de la construction des pyramides.

Le chapitre 17 : **Les textes des "pyramides"** étudie l'origine de la caractérisation abusive de ces textes de la part des Occidentaux.

Le chapitre 18 : **Les grands pharaons de la postérité** fournit des récits sur de grands constructeurs des générations suivantes, plus puissants, qui ne bâtirent jamais de pyramides, puisque l'objectif réel avait été réalisé sous la 4e dynastie.

Nous vous invitons à un voyage en quête de vérité – de TOUTE la vérité – au sujet des pyramides.

Parcourez ce livre avec le regard impartial et honnête d'un juré.

>>> Il est à noter que l'édition numérique de cet ouvrage, publiée

en format PDF et e-book, comprend un grand nombre de photographies venant illustrer le contenu de l'ouvrage.

Moustafa Gadalla

3

STANDARDS ET TERMINOLOGIE

---

1. En ancien égyptien, le mot *neter*, et sa forme au féminin *netert*, ont été rendus de manière erronée et peut-être délibérée par dieu et déesse par presque tous les académiciens. *Neteru* (le pluriel de *neter/netert*) désigne les principes divins et les fonctions de l'Unique et Suprême Dieu.

2. Il se peut que vous rencontriez des variations dans l'écriture des mêmes termes en ancien égyptien, comme *Amen/Amon/ Amoun* ou *Pir/Per*. Ceci parce que les voyelles que vous voyez dans les textes égyptiens traduits ne sont que des approximations phonétiques, utilisées par les égyptologues occidentaux et destinées à leur faciliter la prononciation des termes et mots de l'ancien égyptien.

3. Nous utiliserons les mots les plus communément reconnus par nos lecteurs francophones pour identifier un *neter* et une *netert* [dieu, déesse], un pharaon ou une cité ; ils seront suivis d'autres "variations" du terme/mot en question.

On notera que les vrais noms des divinités (dieux, déesses) étaient tenus secrets dans le but de garder à la divinité son pouvoir cosmique. On se référait aux *neteru* par des épithètes décrivant une qualité particulière, un attribut et/ou des aspects de leurs rôles. Ceci s'applique à tous les termes courants tels qu'Isis, Osiris, Amoun, Rê, Horus, etc.

4. Lorsque nous utiliserons calendrier romain, nous utiliserons les termes suivants :

> **De notre ère** – Correspond à : ap. J.-C.
> **Avant notre ère** – Correspond à : av. J.-C.

5. Il n'y a pas et il n'y a jamais eu d'écrits ni de textes en ancien égyptien que les Égyptiens eux-mêmes classifiaient comme "religieux", "funéraire", "sacré", etc. Les académiciens occidentaux ont donné à ces textes en ancien langage égyptien des noms purement arbitraires du genre de "Livre de ceci" ou "Livre de cela", "divisions", "énonciations", "incantations", etc. Le milieu académique occidental est même allé jusqu'à décider que tel "Livre" existait en "version Thébaine", ou en "version de telle ou telle époque". Après avoir ajouté foi à ses propres élucubrations, l'académie accusa les anciens Égyptiens d'avoir commis des erreurs et d'avoir omis des parties de leurs propres écrits ?!!

Toutefois, afin de faciliter les références, nous utiliserons la classification des anciens textes égyptiens, en usage courant (bien qu'arbitraire) dans le milieu académique occidental et ce, même si les Égyptiens anciens eux-mêmes n'ont jamais eu recours à une telle classification.

4

CARTE DE L'ÉGYPTE ANTIQUE

PARTIE I : VUE D'ENSEMBLE

CHAPITRE 1 : LE CONTEXTE

Nous avons appris à l'école que les pyramides ne sont autres que des tombes construites par des pharaons tyranniques, qui exploitaient des esclaves pour hisser ces énormes pierres sur des rampes temporaires afin de construire ces pyramides. Cette opinion courante n'est fondée sur aucune preuve.

Lorsque l'on examine attentivement les faits, notamment lors d'une visite des pyramides, nous pouvons constater que les avis les plus courants sur les pyramides sont tellement illogiques que l'on en vient à douter de ses propres connaissances.

Les preuves apportées dans ce livre démontreront les mensonges des "théories" existantes, mais infondées.

Ce livre fournit des preuves exhaustives démontrant que :

1. Les pyramides en pierre ne sont PAS des tombes.
2. Les blocs en pierre étaient fabriqués par l'homme et n'ont jamais été extraits de carrières.

CHAPITRE 2 : LES VÉRITABLES PYRAMIDES EN MAÇONNERIE

De nombreuses structures présentent/présentaient la forme apparente d'une pyramide. Les pyramides authentiques, en revanche, possèdent un corps principal solide en maçonnerie. On oublie souvent qu'une pyramide, par définition, comme nous l'avons appris à l'école, est "une figure solide ayant une base polygonale et dont les côtés forment les bases de superficies triangulaires se rejoignant à un sommet commun".

Ces pyramides égyptiennes en maçonnerie ont toutes été construites sous la 4e dynastie. En un peu plus d'un siècle, 25 millions de tonnes de roche calcaire ont été utilisées pour construire ces pyramides. Plus tard, à partir de la 5e dynastie, de fausses "pyramides" non originales furent érigées.

Les "pyramides" non authentiques sont faites à partir de blocaille et de sable – à savoir les déblais du site – empilés et encastrés entre des murs de pierre. Il ne reste aujourd'hui de la plupart qu'un amas de décombres, car ce type de construction se détériore rapidement, une fois que le revêtement est endommagé ou a disparu.

Par ordre chronologique de leur construction, les principales pyramides égyptiennes en maçonnerie de la 4e dynastie sont les suivantes :

1. La pyramide de Meïdoum sous le règne de Snéfrou – 2575-2551 avant notre ère
2. La pyramide rhomboïdale à Dahchour sous le règne de Snéfrou – 2575-2551 avant notre ère
3. La pyramide rouge à Dahchour sous le règne de Snéfrou – 2575-2551 avant notre ère
4. La pyramide de Khoufou (Khéops) à Gizeh – 2551-2528 avant notre ère
5. La Pyramide de Khéphren (Chephren) à Gizeh – 2520-2494 avant notre ère
6. La Pyramide de Menkaourê (Mykérinos) à Gizeh – 2494-2472 avant notre ère

Par définition, et pour d'autres raisons présentées dans le chapitre suivant, la "pyramide" dite à degrés à Saqqarah n'est pas une pyramide à proprement parler.

Les véritables pyramides de la 4e dynastie sont TOTALEMENT dépourvues de toute inscription religieuse. Elles ont été attribuées à des pharaons en particulier, d'après les récits d'Hérodote et des références renvoyant indirectement aux noms de ces pharaons, sur des édifices et tombeaux avoisinants.

Nous devrions ainsi en conclure qu'il s'agissait de rois désintéressés qui les ont érigées pour une cause plus noble et non comme des monuments personnels.

Il y avait sans l'ombre d'un doute un plan directeur à l'origine de ce nombre spécifique de pyramides, de leur taille et de leur configuration, situées à des emplacements particuliers.

PARTIE II : COMPARAISON DES PYRAMIDES ET DES TOMBES

CHAPITRE 3 : LA "PYRAMIDE" À DEGRÉS DE DJÉSER

3.1 LA SUPERSTRUCTURE

Il est important de remarquer que la superstructure construite par Djéser :

(1) N'est pas réellement une pyramide

(2) La forme finale de la structure consistant en des épaisseurs de pierre à degrés ne correspond pas à l'intention initiale du projet

L'objectif original était de construire un tombeau de type mastaba pour accueillir la dépouille du roi. La construction d'une "pyramides" à degrés fut décidée a posteriori, quelques années plus tard.

Le tombeau de type mastaba est, dans sa fonction et sa structure, indépendant de l'ajout ultérieur de la "pyramide" à degrés.

La transformation du tombeau original de type mastaba en une pyramide à degrés eut lieu au fil de cinq étapes de construction.

Les étapes de construction sont bien visibles du fait de la disparition du revêtement externe et de nombreuses couches du corps de maçonnerie. Les faces est, sud et nord montrent clairement les cinq phases distinctes de construction.

<u>**Les cinq phases de construction sont les suivantes :**</u>

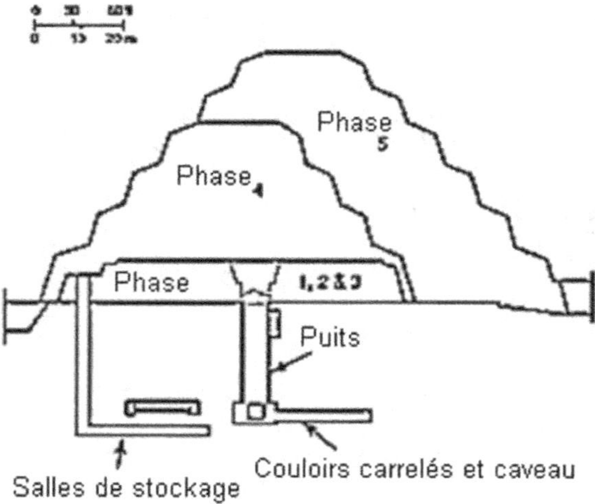

La première phase prévoyait la construction d'un mastaba carré de dimensions 120 x 120 x 15 coudées (63 m x 63 m x 7,5 m) – les autres étaient rectangulaires – avec un caveau souterrain. Le corps principal était construit avec de petits blocs de pierre posés comme des briques. La pierre du mastaba était revêtue de calcaire fin, prouvant ainsi qu'il devait devenir un édifice fini.

La deuxième phase consistait en l'ajout de 6 coudées (3 m) de calcaire fin autour du périmètre du mastaba.

La troisième phase comprenait l'ajout de 15 autres coudées (7,5 m) sur la face est, procurant ainsi un plan au sol rectangulaire. Un puits central supplémentaire, ainsi qu'une série de couloirs et un autre caveau étaient également creusés.

La quatrième phase représentait la construction d'une structure en pierre à quatre étages, pesant 200 000 tonnes, au-dessus de la structure existante du tombeau.

La cinquième phase consistait en l'ajout de deux autres étages ; la pyramide à six degrés était alors à son tour revêtue de calcaire fin pour obtenir un fini lisse.

Hauteur : 115 coudées (60 m)

Base : 270 x 225 coudées (140 x 118 m)

En d'autres termes, cette structure était tout simplement un tombeau de type mastaba qui avait été recouvert d'une série d'étages en calcaire.

>> L'objectif principal de cette structure était la sépulture de Djéser et de sa famille. La pyramide à degrés est le fruit d'une réflexion ultérieure.

>> Les chambres sépulcrales ne font pas partie intégrante de la structure de la pyramide.

3.2 LES CHAMBRES SOUTERRAINES

Les caveaux sous la structure à degrés sont très différents des passages abrupts et étroits dans les véritables pyramides de Gizeh, Dahchour et Meïdoum.

À Saqqarah, au fond du puits se trouvent les chambres sépulcrales, ainsi qu'un réseau de passages et de petites chambres, utilisées pour le stockage du matériel funéraire et pour les enterrements de Djéser et des cinq membres de sa famille.

Les caveaux de cette structure à degrés sont incontestablement des chambres funéraires. Elles contiennent des inscriptions, des pièces pour les offrandes ainsi que la plupart des autres caractéristiques funéraires recensées dans les tombeaux antérieurs et postérieurs. Certaines de ces chambres souterraines sont revêtues de superbes carreaux de faïence bleus.

Certains soutiennent que les carreaux en faïence ont été inventés en Europe. Ils affirment, sans aucune preuve, que les parois ont été recouvertes avec ces carreaux bien après le règne de Djéser.

Leur allégation est totalement infondée. La tombe connue sous le nom de "tombe sud" [voir plan du complexe de Djéser plus loin], située à tout juste 210 mètres de la "pyramide" à degrés et construite sous le règne de Djéser, est revêtue de carreaux absolument identiques. La "tombe sud" est restée intacte jusqu'à sa découverte par les égyptologues Lauer et Firth en 1924-1926.

· · ·

C'est ici, dans ces pièces souterraines, que les quelque 40 000 objets – notamment des pots en pierre et des récipients de toutes tailles, formes et matériaux imaginables – ont été retrouvés.

· · ·

La tombe typique de l'Égypte antique s'articule en deux parties.

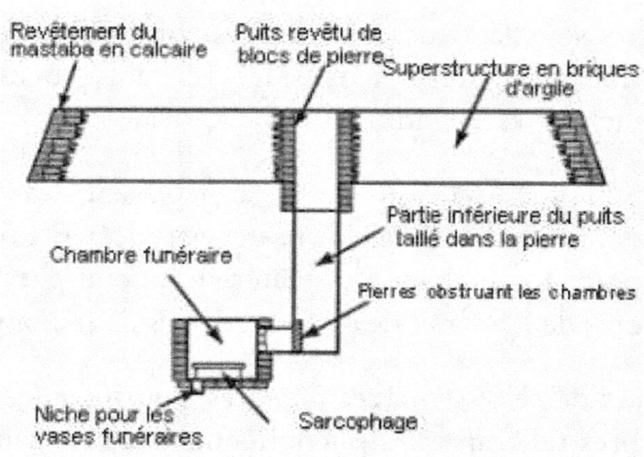

Section transversale d'une tombe classique de type mastaba

Les superstructures étaient rectangulaires, basses par rapport à leur longueur et avec des plafonds convexes. Leur taille variait de 20 mètres carrés à plus de mille mètres carrés.

Les parties souterraines contenaient les chambres funéraires, qui étaient entourées de nombreuses autres chambres et de pièces de stockage pour les biens funéraires d'importance mineure. La chambre funéraire était une pièce étroite taillée dans la pierre, à laquelle un conduit menait depuis le toit du mastaba.

CHAPITRE 4 : LES TOMBES FICTIVES

Nous avons appris à l'école que les pyramides ne sont autres que des tombes.

Lorsque nous examinons les faits à propos des pyramides, nous constatons que toutes ces croyances communément acceptées au sujet des pyramides sont tellement infondées que nous en venons à douter de notre formation et de notre enseignement.

La quasi-totalité des films et documentaires télévisés ne montre qu'une vue extérieure des pyramides...

...suivie de l'intérieur du tombeau de Toutânkhamon qui a été construit 2 000 ans après les pyramides et se trouve à des centaines de kilomètres des pyramides !

La déception est flagrante puisque les intérieurs étroits et sobres des pyramides égyptiennes [voir ci-dessous] sont très différents des intérieurs spacieux et richement décorés des tombes égyptiennes !

Si nous observons le plateau de Gizeh, nous remarquons que les pyramides sont entourées de centaines de tombes, connues sous le nom de mastabas. C'est là que les rois étaient enterrés, avec le peuple, avant et après la construction des pyramides.

Il est important de comprendre les coutumes funéraires des Égyptiens. Les rois étaient enterrés dans de simples coffres en bois rectangulaires, recouverts de textes et d'inscriptions funéraires. Le coffre en bois était posé à l'intérieur d'un sarcophage en pierre, également recouvert de textes et d'inscriptions funéraires.

>> On ne saurait trop insister sur l'importance vitale des inscriptions sacrées dans les tombes égyptiennes. Pour les Égyptiens, ces inscriptions faisaient office de guide ou de plan permettant à l'individu de trouver son chemin vers l'au-delà, tandis que les figures représentatives et symboliques ainsi que les sculptures et autres outils servaient à satisfaire tous les besoins de l'individu dans sa vie après la mort.

Les grandes pyramides en maçonnerie de Gizeh, Dahchour et Meïdoum sont totalement dépourvues de ces inscriptions sacrées fondamentales.

——

Voici les principales différences entre les pyramides et les tombes égyptiennes :

▲ Tout d'abord, les véritables pyramides sont TOTALEMENT dépourvues d'inscriptions religieuses, de pièces pour les offrandes et de toute autre caractéristique funéraire, retrouvées dans les tombes antérieures et postérieures. L'absence de ces objets, à elle seule, met en défaut leur fonction de tombe, puisque les rites funéraires étaient fondamentaux pour le voyage du défunt vers l'au-delà.

Les inscriptions sacrées faisaient office de guides ou de plan permettant à l'individu de trouver son chemin vers l'au-delà, tandis que les figures représentatives et symboliques ainsi que les sculptures et autres outils servaient à satisfaire tous les besoins de l'individu dans sa vie après la mort.

▲ Deuxièmement, il y a trop peu de "cercueils en pierre" et trop de pièces vides dans ces pyramides pour théoriser qu'il s'agissait de tombes.

▲ Troisièmement, si nous acceptons, de manière tout à fait hypothétique, que des brigands aient pu briser les caissons de pierre et leur couvercle, nous pouvons difficilement accepter la logique que ces voleurs aient pris la peine de voler les cercueils détruits en pierre. Malgré des recherches méticuleuses, aucun fragment de coffres ou de couvercle en pierre cassé n'a été retrouvé nulle part dans les passages et les chambres des pyramides.

▲ Quatrièmement, les couloirs dans les pyramides authentiques sont trop étroits pour permettre le maniement de coffres en pierre. Ces pyramides manquaient clairement d'espaces adéquats pour les personnes et le maniement d'objets de cérémonies.

L'examen de nombreuses momies datant de l'époque des pyramides nous a montré que les Égyptiens mesuraient plus d'un mètre et demi : ces passages [d'une hauteur de moins de 1,2 m] ne permettaient donc pas de marcher en position verticale.

Ces passages très bas sont présents dans toutes les grandes pyramides égyptiennes en maçonnerie, comme nous l'avons vu plus haut et comme nous allons le voir en détail pour chaque pyramide plus loin.

La comparaison des couloirs étroits dans les pyramides en maçonnerie avec n'importe quelle tombe égyptienne montre que les tombes égyptiennes présentent des couloirs spacieux pour les personnes et le maniement d'objets de cérémonie.

▲ Cinquièmement, un pharaon, Snéfrou (2575-2551 avant notre ère), fit ériger trois pyramides, et personne ne s'attend à ce qu'il ait été enterré dans chacune d'entre elles.

▲ Enfin, aucun reste humain n'a été retrouvé à l'intérieur des neuf pyramides en maçonnerie. Les voleurs peuvent certes s'en prendre aux trésors, mais certainement pas aux cadavres.

En observant les sites et les intérieurs de ces pyramides d'un nouveau regard, vous découvrirez la preuve irréfutable que les pyramides n'étaient pas construites pour enterrer quelqu'un.

PARTIE III : PYRAMIDES – FONCTIONS ET FORMES

CHAPITRE 5 : LE COMPLEXE PYRAMIDAL

5.1 PYRAMIDES ET TEMPLES

La pyramide ne doit pas être considérée comme une unité indépendante. Nous devons concevoir la pyramide comme l'une des composantes d'un complexe multiple, ce qui était le cas de toutes les véritables pyramides en maçonnerie de la 4e dynastie. Chacune de ces véritables pyramides faisait partie d'un complexe pyramidal classique qui comprenait une pyramide, son temple (connu à tort sous le nom de *temple mortuaire*) et une chaussée portant à un temple de la vallée sur la berge du fleuve.

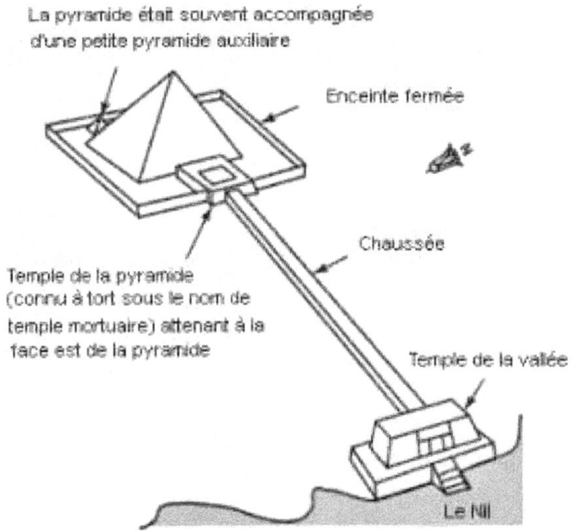

Complexe pyramidal classique

Les VÉRITABLES pyramides étaient des structures closes et scellées. Les pyramides n'étaient pas ouvertes aux activités/rites quotidiens, qui avaient lieu dans les deux temples associés au sein de chaque complexe pyramidal.

Le complexe pyramidal de Khafrê sur le plateau de Gizeh illustre parfaitement ce propos.

5.2 LA PROPORTION ÉNERGÉTIQUE DU TEMPLE DE LA PYRAMIDE

Comme nous l'avons montré plus haut, chaque véritable pyramide faisait partie d'un complexe pyramidal. La pyramide était fermée et inaccessible, dépourvue de toute inscription ou peinture. Les activités rituelles avaient lieu dans les temples proches de ces pyramides.

Nous pouvons facilement établir l'emplacement des différents murs de ce temple de la pyramide. Nous constatons sur ce schéma que ce temple a été conçu en respectant la suite récurrente – des milliers d'années avant son attribution erronée à Fibonacci (" suite de Fibonacci"). La suite utilise les nombres 2, 3, 5, 8, 13, 21, etc.

Le temple de la pyramide de Khafrê reprend DIX chiffres consécutifs de cette suite.

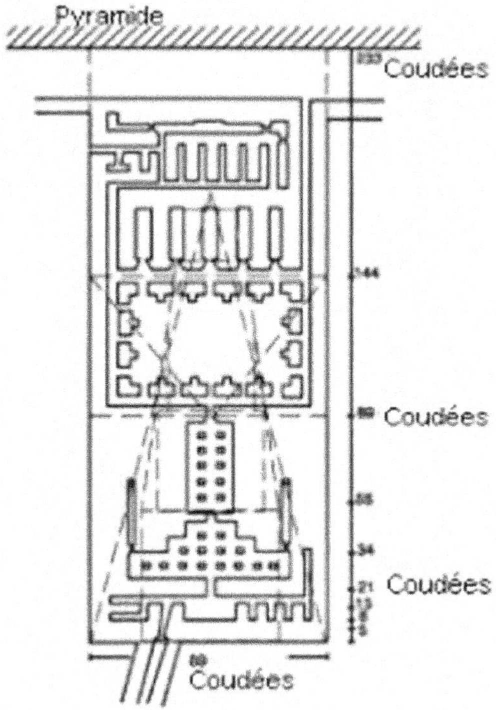

Temple de Khafrê (Khéphren) à Gizeh

Cette suite a été appliquée dans d'innombrables structures au fil de l'histoire de l'Égypte antique.

La suite récurrente se reflète dans la nature. C'est la loi de la nature qui gouverne la croissance dans notre univers.

Les Égyptiens comprenaient les lois cosmiques de la nature et adaptaient leurs actions en fonction de celles-ci. Ils vivaient en harmonie avec la nature, parce que l'homme fait partie intégrante de la nature.

Les anciens Égyptiens ont conçu leurs œuvres en respectant une règle très stricte de proportion. La preuve de cette règle détaillée et de son application tout au long de l'histoire de l'Égypte antique est irréfutable. Les anciens Égyptiens utilisaient les principes de la géométrie sacrée, du nombre d'or [communément appelé Phi], de la constante du cercle [communément appelée Pi], ainsi que de la suite récurrente [connue sous le nom de suite de Fibonacci], il y a plus de 5 000 ans, dans tous les domaines de leur architecture – dans son ensemble et dans les moindres détails. [Pour plus d'informations, consulter le livre *L'architecture métaphysique des anciens Égyptiens* de Moustafa Gadalla.]

CHAPITRE 6 : LE POUVOIR DES PYRAMIDES

6.1 LES VARIATIONS DE FORMES DES PYRAMIDES

La relation entre le procédé et la structure – ou entre la fonction et la forme, s'applique à une pyramide avec une configuration harmonieuse.

La forme pyramidale consiste en une base en quadrilatère et un volume triangulaire.

- En Égypte antique, la base était habituellement carrée, afin de représenter le monde manifesté (quadrature du cercle).
- Les Égyptiens utilisaient différentes formes de triangles dans leur plan selon la fonction ou l'objectif de chacun.

De nombreuses amulettes égyptiennes, représentant le niveau du maçon, ont été découvertes et sont désormais dispersées dans les musées du monde entier (Turin, Louvre, etc.). Le triangle 5:8 était le plus souvent utilisé pour ces formes, qui incluaient également le triangle rectangle de dimensions 3:4:5 et le triangle équilatéral.

$$\Delta \qquad \Delta \qquad \Delta$$

Nous nous plaisons à admirer les majestueuses pyramides égyptiennes. Leur immensité et leur beauté sont bouleversantes. Elles doivent leur superbe à leurs proportions harmonieuses qui enchantent nos émotions intérieures et extérieures.

Gustave Flaubert, dans ses *Lettres d'Égypte* (1850), résume ainsi :

> **« Elles ont cela de drôle, ces braves pyramides, que plus on les voit plus elles paraissent grandes. »**

Les pentes des pyramides n'étaient pas définies de manière arbitraire pour des raisons esthétiques, mais étaient le fruit de calculs géométriques particuliers, qui déterminaient les rapports entre chaque partie : la hauteur, les angles, la base et ainsi de suite.

Δ   Δ   Δ

Prenons tout d'abord l'exemple de la pyramide de Khoufou.

Nous commençons notre observation par l'interprétation commune du rapport entre la forme et la fonction.

Il existe des faits indéniables concernant le pouvoir de la pyramide que nous décrivons ici : si vous placez des matériaux hautement périssables dans la "Chambre du Roi" de la pyramide de Khoufou (Khéops), ou dans un modèle semblable de pyramide, les matériaux se décomposeront à un rythme beaucoup plus lent que dans n'importe quel autre lieu au monde. De même, des personnes ont laissé de vieilles lames de rasoir émoussées en acier toute une nuit dans un modèle de pyramide et le matin suivant, les lames étaient de nouveau tranchantes.

Ces expériences prouvent clairement que la forme de la pyramide altère ou affecte d'une manière quelconque les procédés physiques, chimiques et biologiques pouvant avoir lieu dans une pyramide aux proportions exactes.

La relation entre le procédé et la structure, ou entre la fonction et la forme, s'applique à une pyramide avec une configuration harmonieuse.

Examinons à présent les proportions harmonieuses de la pyramide de Khoufou.

Sa structure intègre :

– La proportion Neb (dorée) (connue sous le nom de phi)

– La constante du cercle (connue sous le nom de pi)

Ce résultat a été obtenu grâce à une légère variation de quelques centimètres du périmètre de la base de la pyramide.

Certains pensent que les proportions harmonieuses de la pyramide ne sont qu'une pure coïncidence. Mais Hérodote lui-même affirmait, il y a 2 500 ans, avoir su des prêtres égyptiens que cette pyramide avait été intentionnellement conçue afin que *l'aire de chaque face soit égale au carré de sa hauteur*.

Les témoignages d'Hérodote sont corroborés par les dimensions réelles dans les unités de coudées utilisées en Égypte : 280 pour la hauteur originale et 440 pour le côté de la base. Le rapport de ces deux nombres [280/220 = h/b = 14/11] <u>correspond à la racine carrée de la proportion Neb (dorée)</u>. Et ce n'est pas tout : divisez deux fois la base par la hauteur et vous obtenez 3,14, à savoir la valeur presque parfaite de la constante du cercle [communément appelée Pi].

L'intégration de la constante du cercle dans la conception de la pyramide revêt également une importance capitale. L'angle d'élévation de 51° 50' 35" exprime la constante du cercle (22/7) avec une très grande précision. L'angle d'inclinaison confère à la pyramide une propriété géométrique unique qui <u>représente la quadrature mystique du cercle : le rapport du périmètre de la pyramide à sa hauteur est égal au double de la constante du cercle.</u>

Les Égyptiens n'ont pas intégré ces deux rapports sacrés dans la conception de leurs monuments par pure coïncidence. Toutes les entrées étaient conçues pour incorporer aussi bien phi que pi – des milliers d'années avant les Grecs.

Revenons maintenant aux pyramides de Gizeh.

La pyramide de Khafrê présente elle aussi une structure élaborée harmonieusement. La forme triangulaire de cette pyramide est essentiellement composée de triangles 3:4:5, côte à côte, dont la hauteur serait de 4 unités sur la base de 6.

Dans ses *Œuvres morales, Vol. V*, Plutarque évoque le triangle rectangle 3:4:5 de l'Égypte antique de cette manière :

> *« **Il paraît probable que c'est au plus beau des triangles que les Égyptiens assimilent spécialement la nature de l'Univers ;** et, du reste, c'est de ce triangle que Platon semble s'être servi dans sa République, pour représenter le mariage sous une forme rectiligne. **Dans ce triangle rectangle, un des côtés de l'angle droit est représenté par 3 ; la base l'est par 4, et l'hypoténuse par 5.** Or le carré de celle-ci est égal à la somme des carrés faits sur les deux côtés qui contiennent l'angle droit.*
>
> *Il faut donc concevoir, que le côté de l'angle droit représente le mâle, que la base du triangle représente la femelle, et que l'hypoténuse est le produit des deux ; qu'ainsi Osiris est le premier principe, qu'Isis en reçoit les influences, et que Horus est le résultat de l'opération de l'un et de l'autre. En effet trois est le premier nombre impair et parfait ; quatre est le carré de deux, premier nombre pair ; et cinq, qui est composé de trois et de deux, tient à la fois et de son père et de sa mère. Du mot pente (cinq) est dérivé le mot 'panta' (univers), ainsi que le verbe 'pempazô', qui signifie 'compter avec les cinq doigts'. De plus, 5 élevé au carré donne un nombre égal à celui des lettres de leur alphabet. »*

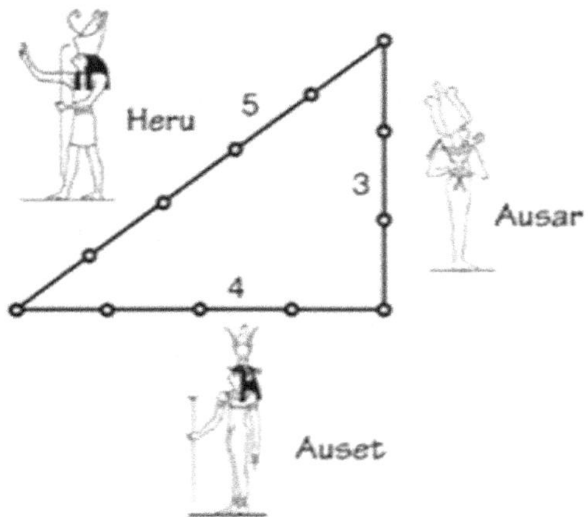

Et la dernière pyramide à Gizeh, celle de Menkaourê, représente à bien des égards *le meilleur pour la fin*. Bien qu'il s'agisse de la plus petite et de la plus récente des trois pyramides du plateau de Gizeh, elle affiche une structure harmonieuse très intéressante. Sa coupe transversale se rapproche fortement d'un triangle 5:8 représentant la proportion Neb (dorée).

De plus, le rapport de la hauteur à la moitié de la diagonale serait de 8:9 (la tonalité musicale parfaite), avec un angle entre le bord et l'horizontal de 51° 29' 53". La pyramide de Menkaourê s'achève en beauté sur une note haute ou parfaite.

Nous avons donc examiné les plans harmoniques intentionnels de ces pyramides, et la manière dont elles sont liées aux rapports sacrés qui gouvernent les lois de la nature, qui elles-mêmes gouvernent la relation entre le procédé et la structure.

L'effet de serre céleste de la Pyramide

La pyramide exerce une action semblable à l'effet de serre. L'effet de serre est le phénomène de rétention de la chaleur solaire sur la surface de la Terre causé par le dioxyde de carbone atmosphérique qui laisse passer les radiations à ondes courtes, mais absorbe celles de grande longueur d'ondes émises par la Terre.

Les pyramides ont été proportionnées de manière harmonieuse pour agir comme des *serres*, c'est-à-dire pour attirer et retenir certaines énergies. La forme d'une pyramide bien proportionnée peut concentrer ce que l'on appelle l'énergie de l'*orgone*.

L'orgone provient de l'espace et c'est ce qui fait briller les étoiles et donne sa couleuse bleue au ciel.

L'orgone peut être accumulé en construisant une boîte en bois à l'extérieur et en plaque de fer à l'intérieur. Le matériau organique laisse passer l'orgone, tandis que le revêtement intérieur métallique le reflète.

Ce phénomène pourrait s'appeler l'effet de *serre céleste*. De fortes concentrations anormales d'énergie psy-org s'accumulent à l'intérieur d'une telle boîte.

Le terme "psy-org" associe les abréviations de psychique et orgone. Deux noms différents pour une même force. Le champ psychique, qui produit l'aura humaine et est à l'origine de tous les pouvoirs psychiques, n'est autre que ce que Wilhelm Reich, disciple autrichien controversé de Freud, appelait l'énergie de l'orgone.

Les anciens Égyptiens savaient déjà tout au sujet de l'énergie psy-org, puisqu'ils s'en servaient. Ils ont été les premiers à découvrir que la forme d'une pyramide bien proportionnée peut concentrer l'énergie psy-org.

L'effet de serre céleste augmente considérablement lorsque la surface de la pyramide est stratifiée.

Les premiers historiens et voyageurs constatèrent combien le revêtement des pyramides brillait. Les pierres de revêtement furent extraites pendant et après le XIIIe siècle, afin de construire des mosquées et des palais, ou bien pour brûler de la chaux.

Ce type d'énergie a été testé par le Dr Harald Pluton, un physicien belge très compétent, qui découvrit que toutes les formes d'énergie psychique étaient augmentées lorsqu'elles étaient placées sous une pyramide aux proportions harmoniques. Une personne est plus télépathique, plus clairvoyante, plus précognitive. Il est plus facile d'entamer des expériences extracorporelles dans ces conditions. De plus, l'aura du corps est plus intense à l'intérieur d'une pyramide.

Δ   Δ   Δ

Les canaux d'énergie à l'intérieur des pyramides

Comme nous l'avons vu plus haut, les véritables pyramides en pierre possèdent des couloirs étroits et des pièces vides, totalement dépourvues d'inscriptions et de caractéristiques funéraires.

D'autre part, les amoncellements postérieurs de décombres, loin d'être des pyramides authentiques, présentent des couloirs spacieux, ainsi que des chambres funéraires et d'offrandes recouvertes de textes funéraires.

Les intérieurs de ces authentiques pyramides solides constituent fondamentalement un réseau de canalisation d'énergie. Un tel réseau énergétique comprend des pièces vides, des couloirs larges et étroits, des pentes abruptes, des parois vides, des surfaces lisses, etc.

Les caractéristiques générales des véritables pyramides sous la 4e dynastie sont les suivantes :

1. À partir de la pyramide de Meïdoum, l'entrée de toutes les pyramides en maçonnerie se trouvait bien au-dessus du sol.

Les chambres intérieures étaient principalement situées à la base de la pyramide.

2. Cette pyramide et toutes les pyramides maçonnées postérieures partagent le même type de galeries nettement basses et étroites, sans espace adéquat pour bouger et rester debout.

3. L'entrée étroite est sur une pente de 1:2, ce qui la place sur la diagonale du double carré sacré. Le rectangle 1:2 est l'élément le plus remarquable du projet architectural égyptien.

[Pour plus d'informations, voir l'ouvrage *L'architecture métaphysique des anciens Égyptiens* de Moustafa Gadalla.]

Δ   Δ   Δ

<u>Comparaison entre centres d'énergie et pièces abandonnées</u>

Les académiciens occidentaux qui ont décrété que les pyramides étaient des tombes et rien que des tombes "expliquent" la présence de pièces vides dans ces superbes structures comme un "changement de plan et un abandon de la part des Égyptiens." La théorie de l'abandon est l'échappatoire courant pour tous ceux qui promulguent une théorie avant de prendre en compte tous les éléments. Une fois qu'ils ont adopté l'idée que les pyramides étaient des tombes, ils ont dû déformer et ajuster leurs preuves à leurs théories obstinées. Ce faisant, ils n'ont eu aucun mal à fabriquer des réponses.

D'après cette théorie farfelue, presque toutes les pyramides de Gizeh et Dahchour, qui ne fournissent aucune preuve de rites funéraires quelconques, auraient fait l'objet d'un ou de plusieurs changements de programme. Plus étrange encore, les pyramides de Gizeh et Dahchour sont de loin supérieures aux pyramides postérieures, tant en termes de taille que de facture et d'exécution.

Il est étrange que cette théorie de l'abandon soit utilisée uniquement dans le cas des meilleures pyramides.

∆ Rappelons à ce propos que les défenseurs de la thèse de l'abandon n'ont jamais évoqué LE MOINDRE changement dans aucune des fausses pyramides postérieures utilisées pour les cérémonies funéraires.

∆ La précision et la perfection des moindres détails dans les pyramides de Gizeh et Dahchour témoignent d'une planification méticuleuse et réfléchie.

∆ Le seul fait de ne pas connaître la raison d'être de tout ce qui nous entoure ne nous donne aucunement le droit de fabriquer des réponses et de déformer l'histoire.

Plus loin, au fil de notre étude sur les intérieurs de ces pyramides, nous discuterons des pièces soi-disant abandonnées et des changements de programme. Les preuves viennent réfuter les notions farfelues et infondées du monde académique.

∆   ∆   ∆

PARTIE IV : LES TECHNIQUES DE CONSTRUCTION DES PYRAMIDES

CHAPITRE 7 : LA "THÉORIE COMMUNE" LACUNAIRE

7.1 LA "THÉORIE" COMMUNE

Nombre d'égyptologues académiciens affirment qu'il n'existe aucun document écrit de l'Égypte antique, remontant à une époque quelconque, décrivant la construction des pyramides. Ils commettent cependant l'erreur d'avoir prédéterminé une méthode de construction et d'être à la recherche de documents venant uniquement confirmer leurs théories préconçues. Ils ont ainsi inventé une théorie. Leur théorie "inventée" est la suivante :

a. Il existe deux types de blocs de pyramide :

> i. Les blocs de la bâtisse, construits principalement à partir de blocs de calcaire extraits localement, cimentés par une très fine couche de mortier.

> ii. Des pierres de revêtement extérieur en calcaire fin, extraites à Tourah sur la rive Est du Nil puis acheminées sur le Nil jusqu'au site.

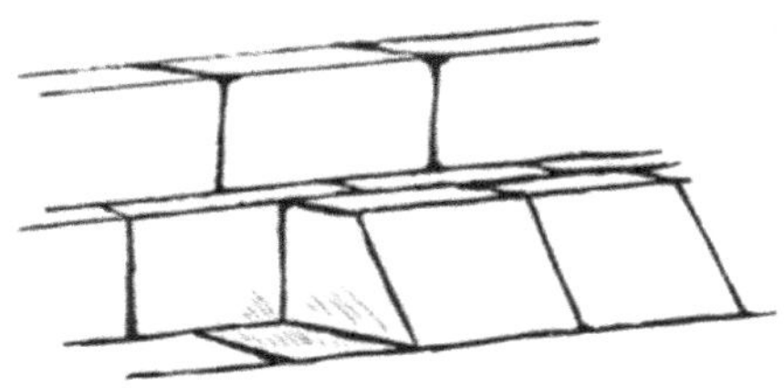

b. Pour tailler et modeler les blocs de pierre, les Égyptiens utilisaient les outils suivants :

> i. Burins de cuivre et probablement des outils en fer

> ii. Massues en silex, diorite et quartz

> iii. Grands pieds-de-biche en bois

c. Le transport des blocs de pierre était effectué à l'aide de traîneaux et de rouleaux en bois. Puis les pierres "extraites" étaient hissées sur des rampes temporaires dont la hauteur et la longueur augmentaient au fur et à mesure que s'élevaient les niveaux de la pyramide.

a. La "source" non identifiée des blocs extraits

Prenons maintenant en considération les faits incontestés au sujet de la pyramide de Khoufou (Khéops) à Gizeh [des faits semblables à ceux indiqués ci-après s'appliquent également à toutes les pyramides en maçonnerie].

1. La Grande Pyramide contient environ 2,6 millions de blocs, pesant chacun de deux à soixante-dix tonnes.

2. Presque aucun des blocs des pyramides ne correspond, du point de vue chimique ou minéralogique, au lit rocheux de Gizeh.

3. Le substrat rocheux du plateau de Gizeh est composé de strates, tandis que les blocs de pyramides n'en ont pas.

4. Les strates et imperfections rendent impossible la taille de la pierre à des dimensions parfaitement uniformes.

5. Les géologues et géochimistes n'arrivent pas à se mettre d'accord quant à l'origine des blocs de la pyramide. Ce seul fait démonte la théorie commune selon laquelle la

maçonnerie centrale de la pyramide aurait été extraite du substrat rocheux local.

6. Les pierres naturelles contiennent des fossiles de coquilles qui sont à l'horizontale ou plats sur le substrat rocheux, formant ainsi des couches sédimentaires de substrat rocheux pendant des millions d'années. Les blocs des pyramides égyptiennes en maçonnerie présentent des fragments désordonnés, typiques des pierres artificielles. Dans tout type de béton, l'agrégat est désordonné et le béton moulé est donc dépourvu de couches sédimentaires. Ces pyramides étaient composées essentiellement de calcaire avec des fossiles de coquilles, matériau hétérogène très difficile à tailler avec précision.

7. Les scientifiques français ont observé que la densité de la masse des blocs de pyramides est 20% plus légère que celle du calcaire local. Les blocs artificiels sont toujours 20 à 25% plus légers que la roche naturelle, puisqu'ils sont remplis de bulles d'air.

b. Taille et façonnage impossibles

1. Les outils en pierre ou en cuivre (métal souple) utilisés à l'époque par les Égyptiens ne pouvaient pas tailler de larges blocs de granit ou des millions de blocs en calcaire avec une précision au millimètre, encore moins dans les temps impartis pour la construction de ces pyramides.

2. Le calcaire se fend facilement au cours de la taille. Du fait des imperfections et des strates dans le lit rocheux, pour chaque bloc taillé, au moins un autre se fissurera ou n'aura pas la bonne dimension durant l'extraction.

>> **Compte tenu des millions de blocs de toutes ces pyramides, il devrait y avoir des millions de blocs fendus**

répandus dans les environs ou quelque part en Égypte, mais ils sont introuvables.

En définitive, l'absence de décombres et de blocs fendus signifie qu'il n'y a pas eu extraction. Les premiers historiens, qui documentèrent leurs visites en Égypte, ne mentionnèrent aucun amoncellement de détritus.

3. Certains ont suggéré que, pour extraire les pierres, les Égyptiens avaient chauffé la surface de la pierre à une température très élevée avec du feu, avant de pulvériser de l'eau pour fendre la pierre. Cette suggestion n'est pas valable pour les raisons suivantes :

Premièrement, cette méthode procure des surfaces irrégulières et non des blocs à la forme régulière. Cette méthode est utilisable uniquement pour réduire de grands morceaux de grès, granit, ou basalte en de petits agrégats irréguliers et fragmentés.

Deuxièmement, le chauffage au feu transforme le calcaire en chaux à 704° (1 300°F). En d'autres termes, il n'y a plus de morceaux solides de pierre. Il est donc impossible de fabriquer des blocs pour les pyramides en chauffant du calcaire.

4. La pyramide présente environ 10 longueurs standards de blocs. De même, on retrouve ce nombre limité de dimensions standards dans les autres pyramides. Il est impossible de tailler des blocs présentant une telle uniformité de taille. Cependant, il est plus logique de penser à l'utilisation de moules pour obtenir des blocs de béton standardisés.

5. La longueur de certains blocs est une autre preuve : on a pu constater que les blocs les plus longs dans les pyramides ont toujours la même longueur. Ce fait vient soutenir la théorie de l'utilisation de moules.

c. La logistique de la théorie sur la réalisation de rampes

△ Il s'agit d'une pure invention, mais à force de la répéter, elle est devenue *réalité* dans l'esprit de la plupart des gens.

△ Hérodote n'a jamais fait mention d'aucune rampe. Dans son compte-rendu historique, il décrivit la chaussée typique surélevée en pierre entre la base de la pyramide et le temple de la vallée. Cette chaussée était une caractéristique constante et, comme l'a décrit Hérodote, elle mesurait 1006 m de long, 18 m de large et 15 m de haut, et ne pouvait être utilisée pour hisser les blocs.

△ De nombreux académiciens veulent croire que la seule façon de construire la pyramide était celle d'augmenter la hauteur et la longueur d'une rampe temporaire au fur et à mesure que s'élevait le niveau de la pyramide.

△ Les personnes qui s'accrochent à la théorie de la rampe se réfèrent à ce qui semble être une rampe en boue, retrouvée dans le complexe de Sekhemkhet à Saqqarah. Même s'il s'agissait d'une rampe, elle ne mesurait que 7 m de haut. Une fois construites, les pyramides sont bien plus hautes que cela.

△ L'ingénieur civil danois P. Garde-Hanson calcula que la construction d'une rampe jusqu'au sommet de la pyramide aurait requis 13,4 millions de mètres cubes de matériau (soit 7 fois le volume nécessaire pour construire la pyramide elle-même). Une force de travail de 240 000 hommes aurait été indispensable pour construire cette rampe pendant les 23 ans de règne de Khoufou.

△ 300 000 personnes et huit autres années auraient été nécessaires pour démonter la rampe une fois la pyramide de Khoufou achevée. Une telle quantité de rebuts est introuvable dans les environs et ne fut jamais mentionnée par les historiens anciens.

Δ Compte tenu de ces chiffres incroyables, Garde-Hanson a théorisé l'association d'une rampe et d'un appareil de levage. La rampe aurait atteint la mi-hauteur de la pyramide. À ce niveau, environ 90% des matériaux nécessaires à la construction auraient été utilisés. Le deuxième élément de sa théorie modifiée, à savoir le mystérieux appareil de levage, était et reste encore une question sans réponse.

De manière tout à fait hypothétique, supposons que nous soyons d'accord avec la théorie de Garde-Hanson et essayons de visualiser les chiffres vertigineux : 4 000 hommes travaillant toute l'année à l'extraction pour produire 330 blocs par jour. Durant la saison des crues, 4 000 blocs par jour sont acheminés sur le Nil, puis hissés sur la rampe jusqu'au plateau de Gizeh avant d'être posés sur la bâtisse, à un rythme de 6,67 blocs par minute ! Imaginez, 6,67 blocs toutes les 60 secondes !

Il est impossible d'atteindre de telles prestations : une autre raison d'ignorer la validité des théories de l'extraction et de la rampe.

Δ La construction et le retrait de ces rampes auraient représenté une tâche bien plus ardue que la construction des pyramides elles-mêmes. C'est pourquoi, lorsque les académiciens supposent l'existence de "moyens primitifs" utilisés par les anciens Égyptiens, ils finissent par compliquer leurs propres théories sans aucun fondement.

Δ   Δ   Δ

7.2 LES TROIS PYRAMIDES OUBLIÉES DE SNÉFROU

Durant ses 24 ans de règne, Snéfrou fut capable d'ériger les deux pyramides principales à Dahchour ainsi qu'une troisième à

Meïdoum. Ainsi, au cours de ses 24 ans de règne, il a été à l'origine de la production de quelques neuf millions de tonnes de pierre, plusieurs fois la quantité de la Grande Pyramide de Gizeh. Même en des temps modernes, la seule tentative de calculer la logistique d'un tel labeur surpasse littéralement notre entendement.

Δ   Δ   Δ

7.3 DERNIÈRES QUESTIONS RÉFUTANT LA « THÉORIE COMMUNE » DU MONDE OCCIDENTAL

Manquant d'ouverture d'esprit, ces académiciens eurent des difficultés à trouver les réponses à de nombreuses questions.

En nous appuyant sur les éléments de la "théorie commune" concernant la taille, l'acheminement et le hissage des pierres, comment pouvons-nous répondre de manière rationnelle aux questions suivantes :

1. Où les Égyptiens ont-ils trouvé l'énorme quantité nécessaire pour construire cette pyramide et les autres ? Il n'existe aucune preuve tangible d'une source quelconque.

2. Comment ont-ils réussi à rendre les faces inclinées des pyramides parfaitement lisses ?

3. Comment sont-ils arrivés à faire en sorte que les quatre faces inclinées se rejoignent à un sommet exact ?

4. Comment ont-ils fait pour que les niveaux soient aussi plats ?

5. Comment ont-ils pu tailler les pierres de façon à ce qu'elles s'encastrent avec une telle précision ?

6. Quels outils ont-ils utilisés ?

7. Comment le contingent de travailleurs (estimé à

240 000- 300 000 ouvriers) pouvait-il manœuvrer sur le site de construction confiné ?

8. Comment ont-ils pu tailler les blocs de manière si uniforme ?

9. Comment ont-ils pu poser certains des blocs les plus lourds à de telles hauteurs ?

10. Comment ont-ils réalisé les 115 000 blocs de revêtement pour qu'ils s'encastrent avec une précision au millimètre, comme dans le cas de la pyramide de Khoufou ?

11. Comment tout ce travail a-t-il pu être achevé en une vingtaine d'années ?

Toutes ces questions viennent réfuter la "théorie commune". Le bon sens, accompagné de preuves tangibles, mène à la conclusion que les blocs furent fabriqués par l'homme, comme nous l'expliquerons plus loin.

CHAPITRE 8 : LES FAITS MATÉRIELS

8.1 HÉRODOTE ET LA CONSTRUCTION DES PYRAMIDES

Hérodote n'a jamais soutenu que le corps principal avait été construit avec du calcaire local ni que les blocs de pyramides avaient été taillés. Il affirma que les pierres (pas nécessairement des *blocs extraits,* mais éventuellement des **amoncellements de blocaille**) étaient acheminées vers le site depuis la rive Est du Nil.

Voici un extrait du témoignage d'Hérodote :

> *« Cette pyramide fut bâtie en forme de degrés ; quelques-uns s'appellent crosses, quelques autres bomides. Quand on eut commencé à la construire de cette manière, on éleva de terre les autres pierres, et, à l'aide de machines faites de courtes pièces de bois, on les monta sur le premier rang d'assises. Quand une pierre y était parvenue, on la mettait dans une autre machine qui était sur cette première assise ; de là on la montait par le moyen d'une autre machine, car il y en avait autant que d'assises : peut-être aussi n'avaient-ils qu'une seule et même machine, facile à transporter d'une assise à l'autre toutes les fois qu'on en avait ôté la pierre. Je rapporte la chose des deux façons, comme je l'ai ouï dire .»*

Le terme *meccano,* employé par Hérodote est un terme générique non spécifique indiquant un type de *dispositif.* Lorsque l'on traduit le mot *meccano* pour indiquer un outil tel qu'un moule (petit, vide et en bois), la description prend tout son sens. Relisons-là de cette manière :

> *« ...on éleva de terre les autres pierres, et, à l'aide de moules faits de courtes pièces de bois, on les monta sur le premier rang d'assises. Quand une pierre [gravats] y était parvenue, on la mettait dans un autre moule qui était sur cette première assise ; de là on la montait par le moyen d'un autre moule, car il y en avait autant que d'assises : peut-être aussi n'avaient-ils qu'un seul et même moule, facile à transporter d'une assise à l'autre toutes les fois qu'on en avait ôté la pierre. Je rapporte la chose des deux façons, comme je l'ai ouï dire. »*

Un moule peut être considéré comme un appareil ou un dispositif. Ainsi, si Hérodote ne connaissait pas le terme *"moule"*, il utilisa le terme plus générique *"meccano"*.

Ces moules en bois étaient utilisés en Égypte avec différentes dimensions, comme des appareils de moulage pour contenir le béton fabriqué et lui donner la forme d'un bloc, jusqu'à ce qu'il sèche.

Δ   Δ   Δ

8.2 LES TECHNIQUES ÉGYPTIENNES DE MOULAGE

Examinons comment les Égyptiens de l'Antiquité, mais également certains Égyptiens de nos jours, fabriquent des briques. Ils compriment du limon du Nil, mélangé à du sable et de la paille dans un moule en bois, puis ils laissent sécher les briques encore molles au soleil.

Ainsi, l'utilisation de moules en bois pour façonner de grands blocs à base de béton de calcaire n'avait rien de nouveau pour eux.

Les Égyptiens étaient de talentueux charpentiers et pouvaient aisément fabriquer des formes en bois.

À Saqqarah, nous trouvons des blocs moulés en pierre dans la "Pyramide" à degrés.

La très élégante enceinte ainsi que d'autres édifices témoignent de l'utilisation de pierres moulées pour réaliser des détails architecturaux très élégants et raffinés.

Le naturaliste romain Pline l'Ancien (23-79 de notre ère) déclara dans son *Histoire naturelle, Livre XXXI* que les ***Égyptiens fabriquaient de véritables roches à partir d'une multitude de minéraux.***

Ainsi, la fabrication de pierres pour construire la pyramide ne devrait pas leur avoir posé de grandes difficultés. Ils en ont fabriqué bien d'autres au fil du temps. La réalisation de blocs de pierre pour la pyramide ne représentait qu'une autre application de leur savoir à l'époque.

Δ   Δ   Δ

8.3 KHNOUM : LE POTIER DIVIN

La fabrication de pierres est évoquée sur une stèle, communément appelée "la stèle de la famine", située sur l'île de Séhel près d'Éléphantine, au sud d'Assouan. La stèle date de 200 avant notre ère environ et est la copie d'un texte de l'Ancien Royaume, qui remonte au règne de Djéser, quelque 2 500 ans plus tôt. Les trois personnages principaux sur la stèle sont Khnoum (qui représente le principe divin du moulage), le roi Djéser et Imhotep.

Cette stèle aurait dû être intitulée la *Stèle alchimique de Khnoum*, puisqu'elle recèle la clé de la méthode de fabrication des pierres artificielles.

Environ un tiers du contenu de cette stèle traite des roches, des minerais et de leur traitement. Par exemple, les colonnes 18 et 19 citent le potier divin Khnoum s'adressant au roi Djéser :

> *« Je suis Khnoum, ton créateur... Je te confère des minerais sur des minerais... depuis la création personne ne les a jamais travaillés (pour faire la pierre) pour construire les temples des dieux... »*

[Pour plus d'informations sur les connaissances approfondies des Égyptiens dans les domaines de la métallurgie et de la fabrication d'alliages métalliques de tout genre, lire *La culture de l'Égypte ancienne révélée* de Moustafa Gadalla.]

Δ   Δ   Δ

8.4 BLOCS SYNTHÉTIQUES ET NATURELS

Les faits démontrent que ces blocs des pyramides égyptiennes étaient faits de béton de calcaire de haute qualité fabriqué par l'homme et non de pierres naturelles extraites de carrières.

Les caractéristiques des blocs de pyramides à Gizeh sont cohérentes avec celles des blocs de béton moulés artificiels, et ne peuvent en aucun cas être en pierre naturelle extraite.

Le cas de la pyramide de Khafrê nous en offre des preuves évidentes. Étant donné que le terrain d'origine sous la pyramide de Khafrê était en pente, il fut nécessaire de le niveler pour construire la base. Ainsi, les Égyptiens taillèrent le sol naturel pour créer une base plane.

Il est possible de voir la roche naturelle originale du plateau de Gizeh. La pierre naturelle est formée de strates. Les strates et les imperfections rendent impossible la taille de la pierre à des dimensions parfaitement uniformes. La pierre naturelle est composée de fossiles de coquilles reposant à l'horizontale ou à plat dans le substrat rocheux et formant des couches sédimentaires de ce même substrat rocheux au cours de millions d'années.

Non loin de ce substrat rocheux exposé au grand jour sur le plateau de Gizeh, nous pouvons voir la formation du bloc de pyramide, qui ne contient aucune strate. Les blocs des pyramides égyptiennes en maçonnerie présentent des coquilles désordonnées, une caractéristique typique des pierres artificielles. Dans tout type de béton, les agrégats sont mélangés et le béton moulé est donc dépourvu de couches sédimentaires.

Ces pyramides étaient construites avec du calcaire contenant des coquilles fossiles, un matériau hétérogène extrêmement difficile à tailler avec précision.

En examinant de manière plus approfondie les blocs de pyramides – comme celui-ci – nous constatons que les couches supérieures de plusieurs blocs sont criblées de trous. Les couches détériorées ressemblent à des éponges. La couche inférieure, plus dense, ne s'est pas détériorée.

Dans un mélange de béton, les bulles d'air et l'excès de liant aqueux remontent à la surface, entraînant une forme plus fragile et légère. La couche supérieure rugueuse reste plus ou moins de la même dimension, indépendamment de la hauteur du bloc.

Ce phénomène est visible sur toutes les pyramides et les temples de Gizeh, qui présentent des portions supérieures légères, érodées et fragiles, typiques du béton moulé et non de la pierre naturelle.

Δ   Δ   Δ

Les blocs synthétiques sont essentiellement composés de 90-95% de débris de calcaire et 5-10% de ciment.

Il est bien connu que le mortier de ciment en silico-aluminate des anciens Égyptiens est de qualité bien supérieure au mortier à base de sulfate de calcium hydraté fabriqué de nos jours. En mélangeant le ciment de haute qualité de l'époque avec du calcaire conchylifère, les Égyptiens pouvaient produire du béton de calcaire de haute qualité.

Tous les ingrédients nécessaires à la fabrication de béton synthétique, sans rétrécissement sensible, foisonnent en Égypte :

1. L'alumine, utilisée pour la synthèse de minéraux à basse température, est présente dans le limon du Nil.

2. Le natron (carbonate de sodium) est très abondant dans les déserts et les lacs salés d'Égypte.

3. La chaux, qui est l'ingrédient le plus basique pour la production de ciment, s'obtenait facilement en calcinant le calcaire dans des foyers rudimentaires.

4. Les mines du Sinaï contenaient des minéraux d'arsenic, nécessaires pour obtenir une prise hydraulique rapide, pour les grands blocs de béton. Le natron (un type de flux) réagit avec la chaux et l'eau pour produire de la soude caustique (hydroxyde de sodium), qui est l'ingrédient principal pour la fabrication de la pierre en alchimie.

Des archives concernant l'origine des minéraux d'arsenic utilisés pour fabriquer la pierre se trouvent au Sinaï, notamment à Ouadi Maghara.

Des témoignages d'activités minières sous le règne de Djéser figurent sur une stèle près des mines d'Ouadi Maghara au Sinaï. Des activités minières semblables, sous les règnes successifs des pharaons des 3e et 4e dynasties, sont également documentées au Sinaï.

[Pour plus d'informations sur les nombreuses activités minières en Égypte antique, ainsi que sur les connaissances approfondies des anciens Égyptiens dans les domaines de la métallurgie et de la fabrication d'alliages métalliques en tout genre, lire *La culture de l'Égypte ancienne révélée* de Moustafa Gadalla.]

Δ   Δ   Δ

8.5 LES DIFFÉRENTS TYPES DE BLOCS EN BÉTON SYNTHÉTIQUE

Le béton fabriqué par l'homme est un matériau de construction composé de sable et de gravier, liés ensemble avec du ciment pour former une substance dure et compacte, utilisée pour construire des ponts, des routes, etc.

Il existe d'innombrables mélanges de béton avec différentes proportions des ingrédients principaux : agrégats, ciment, eau et mélanges. Chaque application requiert un type de béton différent. Les anciens Égyptiens eurent recours à un large éventail de mélanges de béton pour leurs applications. Par exemple :

Sur le plateau de Gizeh, nous pouvons trouver trois types de béton.

Dans la pyramide de Khoufou, par exemple, les trois types correspondent aux blocs à l'intérieur de la pyramide, aux blocs placés aux angles extérieurs, ainsi qu'aux blocs de pavage autour du site de la pyramide.

Les blocs intérieurs de la pyramide, qui ne devaient pas être exposés aux éléments naturels, ne présentaient pas un grain fin. En d'autres termes, ils étaient en blocaille. Lorsque les blocs extérieurs furent enlevés, ces blocs intérieurs furent exposés aux phénomènes naturels et, au fil des années, ils se détériorèrent rapidement.

Les blocs extérieurs étaient conçus pour résister aux éléments naturels et furent donc fabriqués à partir de pierres au grain plus fin, comme nous pouvons le constater sur cette photographie prise à la pyramide de Khafrê à Gizeh.

Pour les parois des mastabas sur le plateau de Gizeh, les anciens Égyptiens utilisèrent ce mélange très résistant de béton pour extérieur, comme nous pouvons le voir sur cette tombe mastaba proche de la Grande Pyramide.

Le troisième type de béton que nous pouvons trouver à Gizeh est représenté par les blocs de pavage qui entourent la base de la pyramide.

Les blocs de pavage en plein air sur le site de la Grande Pyramide révèlent un béton à grain fin dont la qualité permet de résister aux forces d'abrasion causées par la circulation.

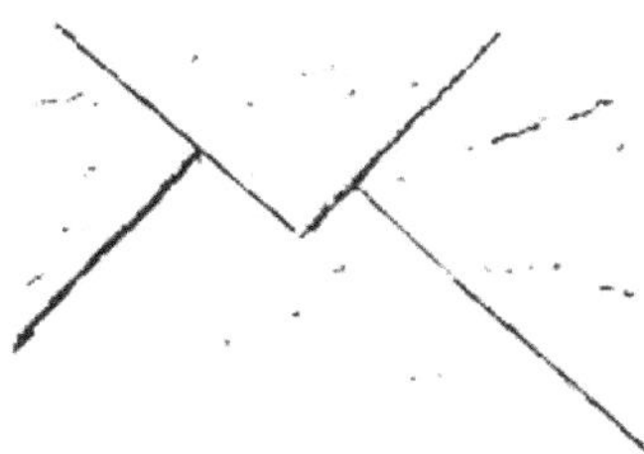

Sur le site de la pyramide de Khafrê, les blocs de pavage sont dans un bien meilleur état : ils ont conservé leur qualité supérieure pendant des milliers d'années.

Autre application, les Égyptiens ont également utilisé le béton pour construire leurs arcs et leurs plafonds en voûte. Les plafonds voûtés remontent à l'Ancien Royaume, dans la pyramide de Menkaourê (à Gizeh) et dans le mastaba Faraoum (à Saqqarah).

On retrouve les détails et cette même qualité de construction dans le temple d'Abydos.

La toiture égyptienne comprenait différentes courbures comme nous pouvons le voir dans le temple d'Hatchepsout, tombeau d'Anubis.

Un quatrième type de bloc de béton fut utilisé dans le mur externe du port d'Alexandrie. Sa construction est antérieure à Alexandre, comme en témoignent les textes classiques grecs et romains. Les brise-lames étaient conçus pour résister aux forces continues de pression des vagues ainsi qu'à l'agression du sel marin. L'une des sept merveilles de l'Antiquité, le phare d'Alexandrie, mesurant 140 mètres de haut, s'élevait sur l'île du même nom (Pharos), en face du port et indiquait la voie aux bateaux qui transportaient des marchandises de valeur du monde entier.

Δ   Δ   Δ

8.6 LES PIERRES DE REVÊTEMENT

Δ Le corps principal des pyramides était recouvert de blocs de revêtement, composés de calcaire à grain fin, qui devaient briller de mille feux sous le soleil d'Égypte.

Δ Les quatre faces inclinées de la pyramide de Khoufou étaient à l'origine revêtues de 115 000 pierres de ce type, soit 5,5 acres de pierres sur chacune des faces. Chaque pierre pesait de dix à quinze tonnes. L'historien grec Hérodote affirma que les interstices étaient si étroits qu'ils en devenaient presque invisibles. La distance maximale relevée entre ces pierres est de 0,254 millimètre, une précision telle qu'il était impossible de faire passer une feuille de papier.

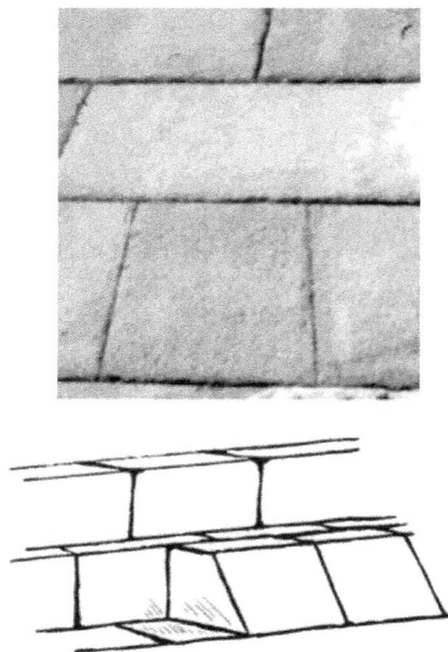

Les blocs de revêtement, dans les pyramides de la 4e dynastie, étaient taillés en diagonale afin de créer la pente de la pyramide. Du fait de leur forme, les blocs de revêtement étaient moulés dans une position renversée par rapport aux blocs avoisinants.

Une fois durcies, les formes en béton étaient retirées et les blocs étaient renversés et placés correctement.

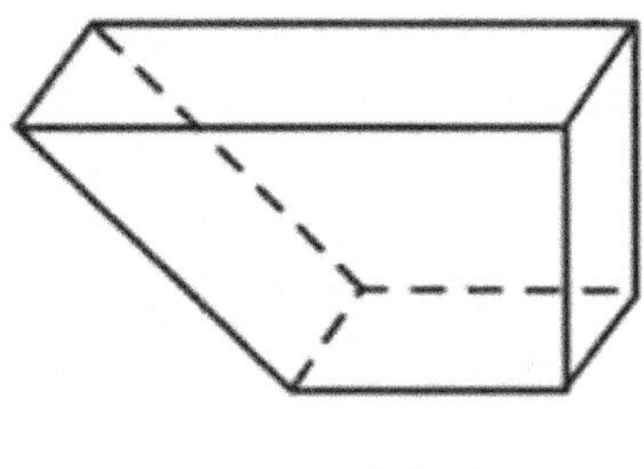

Position inversée d'un bloc de revêtement lors du moulage

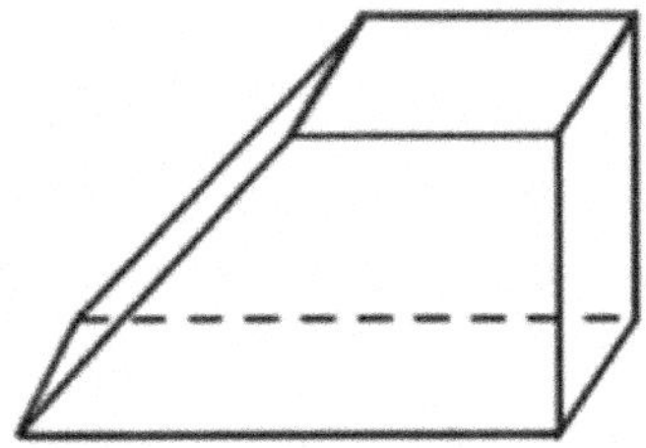

Position finale d'un bloc de revêtement

Pour étayer la preuve de cette technique, des chercheurs ont montré que les inscriptions figurant sur les pierres de revêtement de la Pyramide rouge de Snéfrou et de la pyramide de Khoufou (Khéops) se trouvent toujours dans la partie inférieure des blocs de revêtement. Une preuve solide que ces pierres étaient moulées en position renversée. Si ces blocs de revêtement avaient été taillés, les inscriptions se trouveraient sur différents côtés, et non pas à un seul emplacement.

Δ   Δ   Δ

8.7 AUTRES FAITS PROBANTS CONCERNANT LES BLOCS SYNTHÉTIQUES DE LA PYRAMIDE

Certains des points énoncés précédemment méritent d'être repris ici pour compléter le cadre de la situation. Comme nous l'avons donc vu plus haut :

a. La pyramide présente environ dix longueurs de blocs standards. De même, dans les autres pyramides se trouve un nombre limité de dimensions standards. Il est impossible de tailler des pierres avec des dimensions d'une si grande homogénéité. En revanche, l'utilisation de moules pour former des pierres uniformes en béton est une conclusion bien plus logique.

b. Autre fait concernant la longueur de certains blocs : les blocs les plus longs des pyramides ont toujours la même longueur. Ce fait vient prouver avec force l'utilisation de moules.

.Pour étoffer la preuve que les blocs n'étaient pas en pierre naturelle, mais en béton de calcaire de haute qualité (pierre synthétique), directement moulés sur place, considérons les faits incontestés suivants au sujet de la pyramide de Khoufou (Khéops) à Gizeh [des faits semblables à ceux mentionnés ci-après s'appliquent également à toutes les pyramides en maçonnerie].

1. Les millions de blocs parfaitement ajustés ne peuvent être obtenus qu'avec le moulage et la formation de blocs en béton.

2. En 1974, une équipe du Stanford Research Institute (SRI) de l'Université de Stanford utilisa un équipement de sondage électromagnétique pour localiser des pièces cachées. Les ondes émises étaient absorbées par les blocs

présentant une teneur élevée en humidité. Ainsi, la mission échoua.

La question est donc la suivante : comment la pyramide peut-elle attirer l'humidité au beau milieu d'une zone désertique aride ? La réponse est simple : seuls les blocs en béton retiennent l'humidité, nouvelle preuve que les blocs des pyramides étaient en pierre synthétique et n'étaient pas extraits de carrières.

3.Les scientifiques français ont découvert que la densité apparente des blocs de la pyramide était 20% plus légère que le calcaire local. Les blocs artificiels sont toujours 20 à 25% plus légers que la pierre naturelle, puisqu'ils sont remplis de bulles d'air.

4.Le mortier d'une extrême finesse entre les blocs de pierre n'exerce aucune force de cohésion entre les blocs de pierre. Ce mortier est en réalité le fruit de l'excédent d'eau dans le béton. Le poids des agrégats dans le mélange de béton pousse le ciment aqueux vers la surface, où celui-ci reste et forme une fine couche de mortier.

5. Des fibres organiques, des bulles d'air ainsi qu'un revêtement artificiel rouge sont visibles sur certains blocs. Tous ces éléments témoignent d'un procédé de moulage artificiel, et non de la présence de pierre naturelle.

6. Les couches supérieures de plusieurs blocs sont criblées de trous. Les couches détériorées ressemblent à des éponges. La couche inférieure, plus dense, ne s'est pas détériorée. Dans un mélange de béton, les bulles d'air et le liant aqueux remontent à la surface, produisant une couche plus légère et fragile. La couche supérieure rugueuse est toujours plus ou moins de la même taille, indépendamment de la hauteur du bloc.

Ce phénomène, selon lequel certaines portions des parties supérieures sont légères, érodées et fragiles, est très visible dans toutes les pyramides et temples de Gizeh, et indique l'utilisation de béton et non de pierre naturelle.

7. Les blocs les plus grands, présents dans les monuments de Gizeh sur toute la période de l'Égypte antique, présentent de nombreuses lignes ondulées et non horizontales. Les lignes ondulées apparaissent lorsque la coulée de béton est immobilisée pendant plusieurs heures (par exemple pendant la pause nocturne).

Le béton précédemment moulé durcit, créant une ligne ondulée entre cette couche et la coulée suivante. Les strates dans le substrat rocheux sont droites et horizontales, tandis que des lignes ondulées apparaissent lorsque le matériau est versé dans un moule.

8. Le mortier moderne contient uniquement du sulfate de calcium hydraté. Le mortier de l'Égypte antique était composé d'un silico-aluminate, résultat de la géopolymérisation.

9. Ces blocs artificiels de béton parfaitement ajustés ne se trouvaient pas seulement dans les pyramides, mais également dans des centaines de chapelles funéraires à Gizeh et ailleurs.

Là encore, aucune trace d'interstice vertical entre ces blocs parfaitement encastrés.

10. Les immenses blocs de pavage entourant les pyramides s'encastraient eux aussi à la perfection – un résultat encore plus difficile et délicat du fait de l'exigence de ne pas avoir constamment de fissures. Nous avons donc d'immenses blocs irréguliers parfaitement encastrés, qui ne peuvent être que le résultat d'un mélange de béton artificiel.

11. Les seules archives encore existantes des activités sous le règne de Khnoum-Khoufou représentent des scènes gravées sur le Sinaï, indiquant les nombreuses expéditions minières pour l'arsenic, nécessaire pour la fabrication de pierres.

Δ   Δ   Δ

8.8 LES INCROYABLES TRAVAUX PRÉCÉDENTS DE MAÇONNERIE À SAQQARAH

Un siècle avant la construction des grandes pyramides de la 4e dynastie, un édifice en maçonnerie encore plus impressionnant fut érigé à Saqqarah : le complexe de Djéser. La "pyramide" à degrés de Djéser se trouve au sein du complexe pyramidal de Djéser, construit sous le règne du roi Djéser (2630-2611 avant notre ère).

Le complexe comprend, outre la "pyramide" à degrés, différents édifices, des colonnades et des temples. Le complexe dans son ensemble est une œuvre d'art d'harmonie et d'ordre.

Le complexe s'articule en un carré double parfait, dont les murs sont orientés exactement suivant les points cardinaux.

Le complexe de Djéser à Saqqarah est composé d'au moins un million de tonnes de pierres.

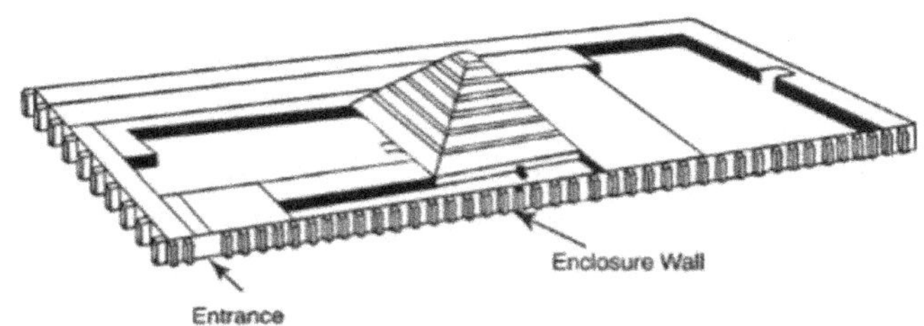

Complexe pyramidal de Djéser

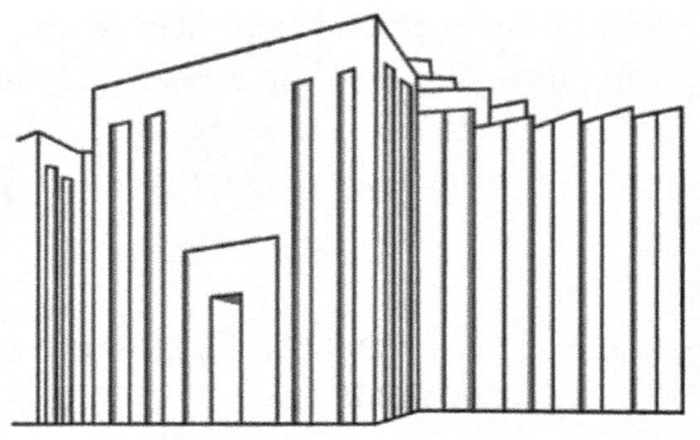

Le mur d'enceinte du complexe de Djéser

La quantité de pierres utilisée dans le complexe de Djéser (comme pour le mur d'enceinte) témoigne de la maîtrise de la fabrication de pierres avant l'époque de Khoufou (Khéops). Ainsi, ce complexe mérite plus d'attention que la Grande Pyramide de Gizeh.

Le mur de clôture est un élément du complexe de Djéser que le roi Djéser a érigé. Il entoure une zone de plus de 2,6 kilomètres carrés. Une fois fini, le mur de clôture mesurait 549 mètres de long et 274 m de large, et s'élevait sur une hauteur de plus de 9,1 m. Il a été construit en calcaire et revêtu de calcaire finement poli.

Les renfoncements et projections du mur de clôture nécessitèrent plus du triple de la quantité de ces deux types de pierre et de travail qu'un mur simple (plat) de taille semblable.

Ce mur de clôture présente 14 portes, mais seule une est réelle. Les 13 autres sont "simulées". Le complexe s'articule en un double carré parfait, dont les murs sont orientés exactement suivant les points cardinaux.

[Plus d'informations sur le complexe, son architecture unique, ses fonctions, etc. dans *L'architecture métaphysique des anciens Égyptiens* de Moustafa Gadalla.]

Δ   Δ   Δ

Il existe plusieurs autres monuments près du complexe de Djéser à Saqqarah, tels que le complexe pyramidal de Sekhemkhet (2611-2603 avant notre ère), à l'ouest de la structure d'Ounas, où des blocs de pierre sont parsemés sur un vaste espace. Les blocs de pierre sont semblables en taille à ceux de la superstructure ("pyramide") de Djéser. Autre fait venant confirmer que les blocs ont été fabriqués par l'homme, le nom du pharaon (Sekhemkhet) a été retrouvé sur des monuments au Sinaï, près des sites miniers d'arsenic, nécessaire pour fabriquer les blocs de calcaire.

Δ   Δ   Δ

Dans les chapitres suivants, nous aborderons en détail les plus grandes dimensions des six véritables pyramides.

PARTIE V : LES TROIS PYRAMIDES DE SNÉFROU

CHAPITRE 9 : LA PYRAMIDE MEÏDOUM DE SNÉFROU

9.1 L'EXTÉRIEUR

La pyramide Meïdoum de Snéfrou est la pyramide maçonnée la plus méridionale.

En s'approchant de la pyramide de Meïdoum, on aperçoit le profil d'une étrange structure qui ne ressemble en rien à une pyramide, mais plutôt à une sorte de grande tour à degrés, s'élevant sur un immense amas de décombres.

Il s'agit des vestiges de la pyramide écroulée de Meïdoum.

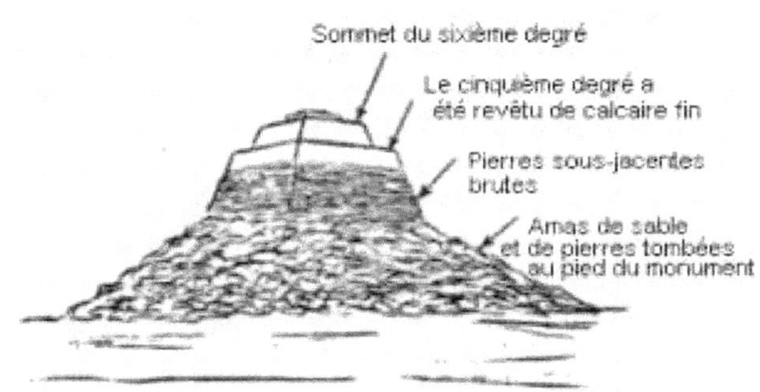

La pyramide écroulée de Meïdoum

Δ Comme dans toutes les véritables pyramides égyptiennes, celle-ci est absolument dépourvue de toute inscription ou référence quelconque. Plusieurs inscriptions sur et autour des ruines montrent que les Égyptiens eux-mêmes l'ont attribuée au roi Snéfrou (2575-2551 avant notre ère). En dépit de cela, certains ont décrété que la pyramide avait été bâtie, ou presque entièrement bâtie, par Houni (2599-2575 avant notre ère), dernier roi de la 3e dynastie. Le nom du roi Houni n'est indiqué nulle part sur le site.

Toutes les preuves circonstancielles indiquent que Snéfrou est le seul père de cette pyramide. Mais les personnes qui pensent que les pyramides n'étaient autres que des tombes, ne peuvent accepter l'idée que Snéfrou en ait fait construire trois, donc, d'après leur théorie, trois tombes.

C'est la raison pour laquelle elles ont inventé l'histoire absurde du roi Houni construisant (totalement ou en partie) cette pyramide.

Δ La pyramide Meïdoum de Snéfrou

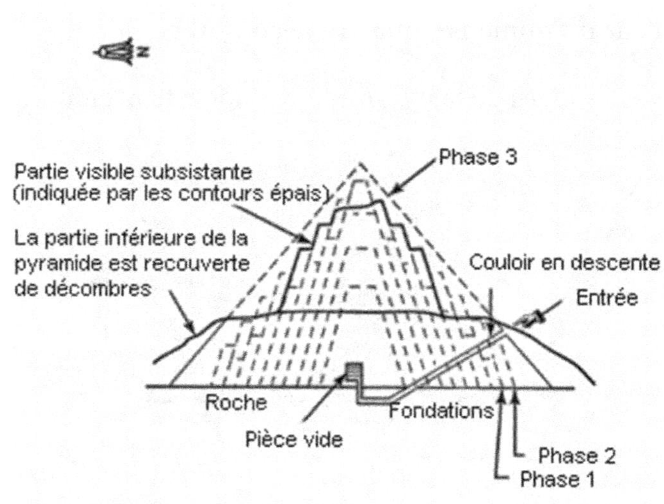

La pyramide Meïdoum de Snéfrou

Hauteur (originale) : 306' (93m)
Masse (originale ?) : 1,5 million de tonnes
Base (originale) : 482' (147 m) carré
Angle : 51° 50' 35"

△ Une fois la pyramide achevée, quelques blocs de revêtement quittèrent leur position, déclenchant une réaction en chaîne et l'écroulement du revêtement externe. Grande partie du corps principal fut entraîné en avalanche avec les pierres de revêtement, provoquant la formation d'un immense amas de décombres autour de la pyramide. Ceci explique donc la ressemblance à une tour.

>> La présence du temple de la pyramide (connu à tort sous le nom de temple mortuaire), près de la pyramide écroulée, démontre que l'éboulement a eu lieu après l'achèvement du temple. Les Égyptiens ne l'auraient pas construit près de la pyramide si celle-ci s'était écroulée durant la construction. La construction d'un temple près d'une pyramide écroulée aurait représenté une entreprise discutable et dangereuse.

△ Les blocs de cette pyramide pèsent environ 250 kg. Aucune preuve ne démontre que ces blocs de pierre ont été extraits d'une carrière locale ou différemment. D'autre part, des archives sur les mines du Sinaï évoquent des activités intenses sous le règne de Snéfrou. Ces documents témoignent de l'extraction de minéraux d'arsenic, nécessaires pour la production de blocs en calcaire artificiel.

△ Cette pyramide écroulée qui ressemble à une tour n'est pas sans rappeler la *Tour de Babel*. Le récit biblique de la chute de la *Tour de Babel* fut probablement un souvenir populaire déformé de l'écroulement de la pyramide de Meïdoum. On pensait également que les sept premiers niveaux de la pyramide correspondaient aux sept planètes et aux sept notes musicales associées.

S'opposant aux écrits sacrés, le huitième degré pourrait être la cause de l'écroulement.

>> **Cette première véritable pyramide connue présente les mêmes proportions harmoniques (mais avec des dimensions différentes) que la Grande Pyramide de Khoufou à Gizeh, bâtie plus tard, à savoir un angle identique entre la face et la base de la pyramide.**

Des explications détaillées au sujet de la Grande Pyramide de Gizeh seront fournies dans un chapitre ultérieur.

9.2 L'INTÉRIEUR

Ici, dans la pyramide de Meïdoum, les couloirs sont très étroits pour une utilisation humaine.

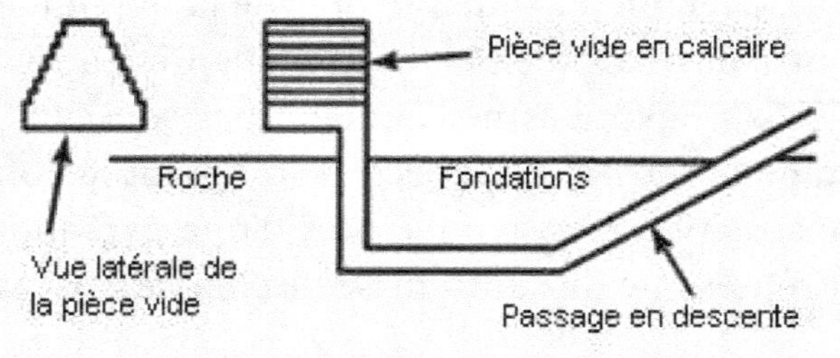

Remarquons l'agencement unique des couloirs dans cette pyramide. La seule petite pièce dans la pyramide est accessible uniquement par un puits vertical étroit, comme nous pouvons le voir sur le schéma ci-dessus.

La seule entrée de la pyramide est surélevée par rapport au sol.

Puis nous avons le passage étroit en pente abrupte 2:1, praticable uniquement grâce à l'installation moderne de cordes et de rampes en bois.

Le passage étroit et pentu devient horizontal avant d'accéder à un puits vertical de 90° [117 x 85 cm de large uniquement] qui mène à une toute petite pièce vide.

Le puits étroit vertical menant à une petite pièce vide.

>> Cette petite pièce vide ne présente aucune inscription. La pièce est [et a toujours été] totalement vide. Il n'y a jamais eu de sarcophage ni de cercueil en pierre dans cette pièce, car l'un ou l'autre aurait dû être placé au moment de la construction, et n'aurait pas pu quitter la pièce par le puits étroit, sauf s'il avait été brisé en morceaux. Cependant, aucun fragment de granit d'un cercueil en pierre n'a été retrouvé dans la pièce ni dans le couloir.

Δ Cette pièce présente un toit en encorbellement – travaillé comme des gradins à l'envers – comprenant 7 niveaux.

Tout à fait semblable à la pyramide postérieure de Khoufou à Gizeh.

La pyramide écroulée de Meïdoum est la première des 3 pyramides érigées par Snéfrou, prédécesseur de Khoufou.

CHAPITRE 10 : LA PYRAMIDE RHOMBOÏDALE DE SNÉFROU

Les deux autres pyramides érigées sous le règne de Snéfrou se trouvent à Dahchour, à environ 30 miles (50 km) au nord de sa pyramide écroulée de Meïdoum. Les deux pyramides à Dahchour sont séparées de moins d'un mile (1,6 km).

Dans ce chapitre, nous étudierons la pyramide rhomboïdale [également appelée pyramide septentrionale de Dahchour], tandis que nous étudierons la pyramide rouge dans le chapitre suivant.

10.1 L'EXTÉRIEUR

Δ La pyramide rhomboïdale présente un profil à deux inclinaisons et deux pièces séparées, une entrée sur la face nord, comme de coutume, ainsi qu'une deuxième entrée sur la face ouest.

Δ Comme dans toutes les véritables pyramides, celle-ci est totalement dépourvue de toute inscription.

Cette pyramide fut attribuée au roi Snéfrou (2575-2551 avant notre ère), d'après une référence à son nom dans le temple avoisinant.

Δ Les blocs présentent des dimensions différentes. Cette variété permet un meilleur encastrement et ainsi une plus grande stabilité de la structure.

Δ La pyramide rhomboïdale de Snéfrou

Base : 184 mètres carrés

Hauteur : 105 mètres

Masse : 3,6 millions de tonnes

Inclinaison : 53° 27' à la base ; 43° 22' 44" au sommet

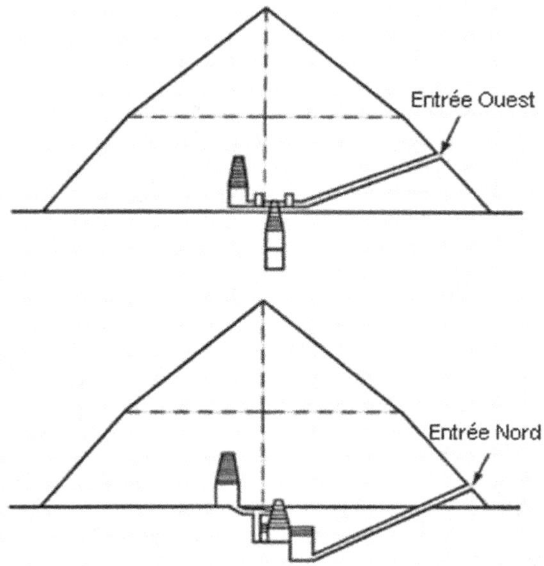

Pyramide rhomboïdale de Snéfrou

Δ Les preuves à l'intérieur de la pyramide rhomboïdale nous amènent à la conclusion que cette structure à angle double était le fruit d'un plan mûrement réfléchi, dans la mesure où :

– Les premières étapes de construction montrent que ces

entrées séparées, ces couloirs et ces pièces souterraines faisaient partie du plan original.

– L'intuition d'un double objectif ou d'une double symbolique pour cette pyramide semble une solution plus raisonnable que la tentative d'expliquer cette spécificité par un nouveau changement de plan.

– L'égyptologue français Varille affirma que les deux inclinaisons pour chaque côté de cette pyramide avaient été conçues intentionnellement, dans le but d'obtenir un certain rapport géométrique entre le niveau du sol et la section centrale de la pyramide.

10.2 LES INTÉRIEURS

Δ Le système de passages, composé de couloirs abrupts et étroits avec de petites pièces vides inaccessibles, est parfaitement cohérent avec la structure des véritables pyramides égyptiennes.

Ci-dessous, nous présentons deux vues de ce système intérieur montrant cet agencement mystérieux et unique de couloirs et puits vides, abrupts, étroits et petits et de pièces vides.

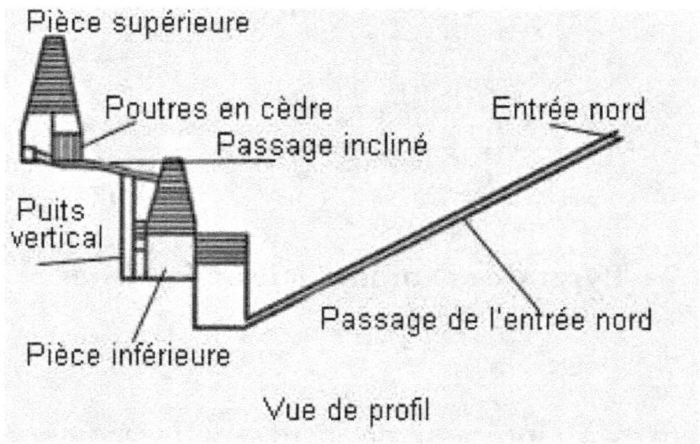

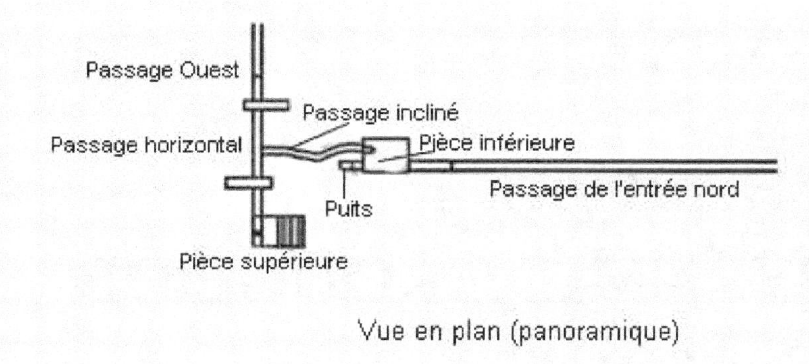

Δ Le couloir en descente depuis l'entrée nord mesure 1,1 mètre de haut. Encore une fois, tout comme à Meïdoum, le passage est trop bas pour qu'une personne puisse le parcourir debout et il suit la diagonale d'un rectangle 1:2.

Δ Le couloir mène à deux pièces intérieures, présentant chacune un plafond en encorbellement. Il n'y a aucune trace de cercueil en pierre ni de cérémonie funéraire dans ces pièces.

Δ Un deuxième passage relie la pièce supérieure à une ouverture supérieure sur la face ouest de la pyramide. Ce couloir mesure lui aussi 1,1 mètre de haut, trop bas pour permettre aux personnes de se tenir debout.

CHAPITRE 11 : LA PYRAMIDE ROUGE DE SNÉFROU

11.1 L'EXTÉRIEUR

∆ À un kilomètre de la pyramide rhomboïdale se trouve la troisième pyramide érigée par Snéfrou, à savoir la pyramide rouge.

Cette pyramide tient son nom de la teinte rougeâtre rosée de ses pierres.

Il s'agit du premier monument avec une forme pyramidale complète. Elle est encore dans un bon état, car elle a conservé une bonne partie de ses pierres originales.

∆ Les blocs sont énormes. Leur hauteur varie de 0,5 à 1,4 mètre.

∆ La configuration géométrique de cette pyramide n'est pas sans intérêt, puisque l'inclinaison de la face de la pyramide est exactement la même que celle de la section supérieure de la pyramide rhomboïdale.

∆ La pyramide rouge de Snéfrou

Hauteur : 341′ (104 m)
Base : 722′ square (220 m)
Masse : 4.0 million tons
Inclinaison : 43° 22′ 44″

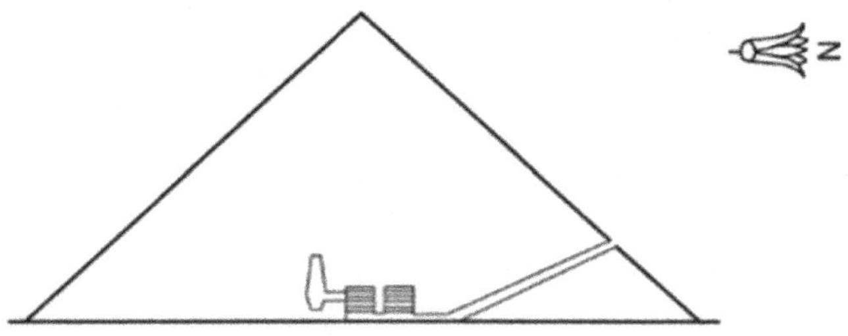

Pyramide rouge de Snéfrou

11.2 LES INTÉRIEURS

Δ Le passage de l'entrée reprend ici encore la diagonale d'un rectangle 1:2. Il suit un long couloir en pente jusqu'au substrat rocheux et mesure seulement 1,2 mètre de haut, empêchant ainsi toute personne de le parcourir debout.

Il mène à un couloir horizontal étroit.

Ce couloir s'ouvre sur deux pièces voisines identiques, avec un plafond typique en encorbellement.

Un court passage monte jusqu'à une troisième pièce. Le plafond en encorbellement de cette troisième pièce s'élève à une hauteur de 15,2 mètres.

Δ Toutes les pièces sont totalement vides et – à l'image du reste des intérieurs –dépourvues d'inscriptions.

Δ Aucune trace de cercueil en pierre et de cérémonie funéraire n'a été retrouvée dans ces trois pièces.

Δ De même, pour la première fois, les pièces sont intégrées à l'intérieur de la pyramide (traditionnellement, elles se situaient à la base de la pyramide).

Δ   Δ   Δ

Δ Δ Δ Snéfrou a érigé trois pyramides colossales et bâti des monuments en pierre à travers l'Égypte. On estime que neuf millions de tonnes de pierre ont été utilisées pendant les 24 ans de règne du pharaon.

Δ Δ Δ Par ailleurs, Snéfrou a utilisé plus de pierres pour ses constructions que le célèbre Khoufou. La maçonnerie s'est développée à une bien plus grande échelle avant la construction de la grande pyramide de Khoufou à Gizeh. Et n'oublions pas le grand projet du complexe de Djéser à Saqqarah.

Δ Δ Δ Ces trois pyramides ne contiennent aucune preuve de cérémonie funéraire. Plus que jamais, nous devrions avoir la certitude que ces pyramides n'ont pas été bâties pour accueillir une tombe quelconque.

PARTIE VI : LES TROIS PYRAMIDES DE GUIZEH

CHAPITRE 12 : LE PLATEAU DE GIZEH

C'est sur le plateau de Gizeh que furent érigées les trois pyramides par les trois pharaons qui succédèrent à Snéfrou et à ses trois pyramides.

Le plateau de Gizeh est un site immense et impressionnant. Voici les principales caractéristiques du plateau de Gizeh :

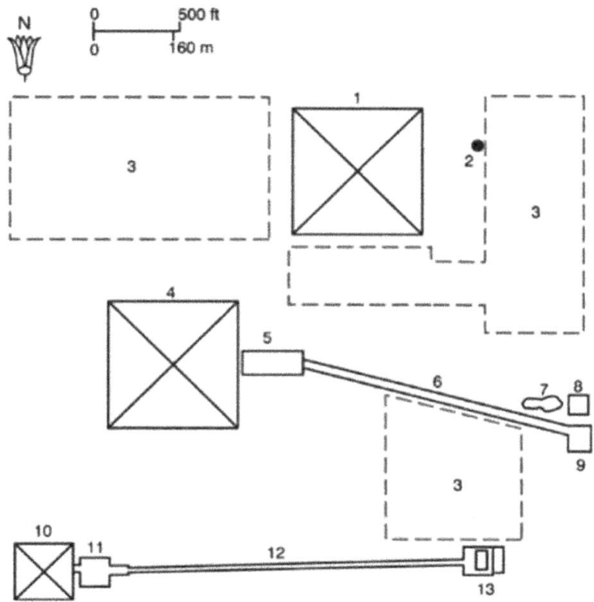

1. Grande pyramide de Khoufou (Khéops).
2. Tombe de la reine Hetephérès.
3. Champs de mastabas.
4. Pyramide de Khafrê (Khéphren).

5. Temple de la pyramide de Khafrê.
6. Chaussée surélevée du temple de la vallée de Khafrê.
7. Grand Sphinx.
8. Temple du Sphinx.
9. Temple de la vallée de Khafrê.
10. Pyramide de Menkaourê (Mykérinos).
11. Temple de la pyramide de Menkaourê.
12. Chaussée de Menkaourê.
13. Temple de la vallée de Menkaourê.

Nous allons maintenant nous concentrer sur les trois pyramides de Gizeh.

Le thème du Grand Sphinx est développé dans notre publication *La culture de l'Égypte ancienne révélée* de Moustafa Gadalla.

CHAPITRE 13 : LA GRANDE PYRAMIDE DE KHOUFOU

13.1 L'EXTÉRIEUR

La Grande Pyramide de Khoufou (Khéops) est la plus grande de toutes les pyramides.

Voici les principales caractéristiques architecturales de cette pyramide :

Δ La pyramide est composée de 203 degrés, dont la hauteur diminue progressivement jusqu'au sommet. Cependant, il y a des centaines de blocs pesant de 15 à 30 tonnes près de la Chambre du roi. Les blocs de cette taille sont si grands qu'ils occupent deux niveaux.

Δ La pyramide était entourée et partiellement construite sur une chaussée ou une plateforme de blocs en calcaire, dont on peut voir des portions sur les faces nord et est.

Δ Sa base occupe environ 53 000 mètres carrés, soit une superficie pouvant accueillir les cathédrales de Florence, de Milan et Saint-Pierre, ainsi que l'abbaye de Westminster et la cathédrale Saint-Paul.

Δ Les côtés de sa base sont presque parfaitement alignés avec les points cardinaux. L'écart moyen d'alignement est seulement de 0,06%.

Δ La longueur des côtés de la base respecte une limite de précision inférieure à 0,08%.

Δ Le niveau de précision, par rapport aux points cardinaux, tout en conservant la base carrée et la perfection des quatre faces inclinées, est absolument incroyable si l'on considère la taille immense de la structure.

Hauteur (originale) : 147 m
Base : 229 mètres carrés
Masse : 6,5 millions de tonnes de calcaire
Aire de la base : 5,3 hectares
Inclinaison : 51° 50′ 35″

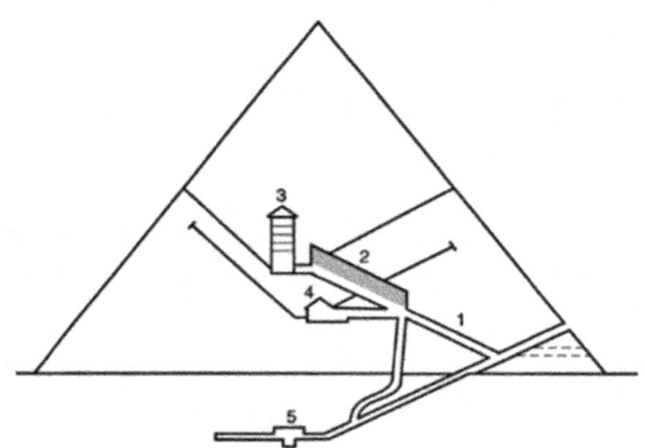

1. Couloir ascendant
2. Grande galerie
3. "Chambre du roi »
4. "Chambre de la reine »
5. Pièce souterraine

Δ   Δ   Δ

>> Remarquons que <u>le rapport géométrique entre les quatre faces et la base est exactement identique à celui de la pyramide écroulée Meïdoum de Snéfrou.</u>

>> La pyramide fut conçue avec l'intention d'intégrer :

    – La proportion dorée (de Neb) (soit le nombre d'or phi)

    – La constante du cercle (à savoir pi)

Ce résultat a pu être obtenu en effectuant une légère variation de quelques centimètres du périmètre de la base de la pyramide.

△ Certains pensent que les proportions harmonieuses de la pyramide n'étaient qu'une simple coïncidence. Mais, dans ses récits il y a 2 500 ans, Hérodote affirme que les prêtres égyptiens lui avaient dit que cette pyramide avait été intentionnellement conçue de manière à ce que *l'aire de chaque face soit égale au carré de sa hauteur.*

△ Les témoignages d'Hérodote sont étayés par les dimensions effectives exprimées en coudées de l'ancienne Égypte : 280 pour la hauteur originale et 440 pour le côté de la base. Le rapport de ces deux nombres [280/220 = h/b = 14/11] correspond à la racine carrée de la proportion dorée (de Neb) comme suit :

- **Hauteur/½ Base = 280/220 = 14/11 = 12 727**
- **Carré de 12 727 = 1,619 = Proportion dorée**

△ Ajoutons à cela une surprise intéressante : divisez deux fois la base par la hauteur et vous obtiendrez 3,14, à savoir une valeur pratiquement parfaite de la constante du cercle.

- **2 Base/Hauteur = 880/280 = 31 429 = Constante du cercle**
- **31 415 – 31 429 = 0,001 3**

    Différence = 0,04%

△ L'intégration de la constante du cercle dans le projet de la pyramide revêt une importance significative. L'angle d'élévation de 51° 50' 35" exprime la constante du cercle (22/7) avec une précision remarquable. **L'angle d'inclinaison confère à la pyramide une propriété géométrique unique qui représente la quadrature mystique du cercle : le rapport du périmètre de la pyramide à sa hauteur est égal au double de la constante du cercle.**

[Pour plus d'informations sur la "quadrature du cercle" en Égypte antique, veuillez consulter le livre *L'architecture métaphysique des anciens Égyptiens* de Moustafa Gadalla.]

Δ Δ Δ Cependant, ce n'est pas la première fois que les anciens Égyptiens eurent recours à ces rapports de grande importance : en effet, la pyramide Meïdoum de Snéfrou présente les mêmes caractéristiques géométriques que la pyramide de Khoufou (Khéops).

Δ Δ Δ Ce n'est pas une coïncidence si ces deux rapports sacrés ont été intégrés dans les plans de monuments égyptiens. Toutes les portes des temples égyptiens ont été conçues pour intégrer aussi bien phi que pi, des milliers d'années avant les Grecs.

Comme nous l'avons vu plus haut dans cet ouvrage, la configuration typique des portes en Égypte antique intégrait les deux rapports sacrés (pi et phi).

Δ   Δ   Δ

13.2 KNOUM-KHOUFOU

La construction de cette pyramide est attribuée au roi Khnoum-Khoufou, généralement connu sous le nom de Khoufou (Khéops), qui régna de 2551 à 2528 avant notre ère.

Le nom Khnoum-Khoufou est important, car Khnoum, comme nous l'avons expliqué plus haut, représente le potier divin, une caractéristique significative qui se réfère à la méthode de fabrication des pierres par moulage ou coulage.

L'attribution de la pyramide à Khnoum-Khoufou s'appuie sur les éléments suivants :

1. Les inscriptions dans les mastabas entourant la pyramide font référence à plusieurs reprises au nom de Khnoum-Khoufou.

2. L'historien grec Hérodote a attribué cette pyramide à Khnoum-Khoufou, d'après les informations qui lui avaient été fournies par ses informateurs prêtres.

Δ   Δ   Δ

13.3 L'INTÉRIEUR

Examinons la Grande pyramide de Gizeh érigée par Khoufou.

Familiarisons-nous avec les intérieurs de cette pyramide.

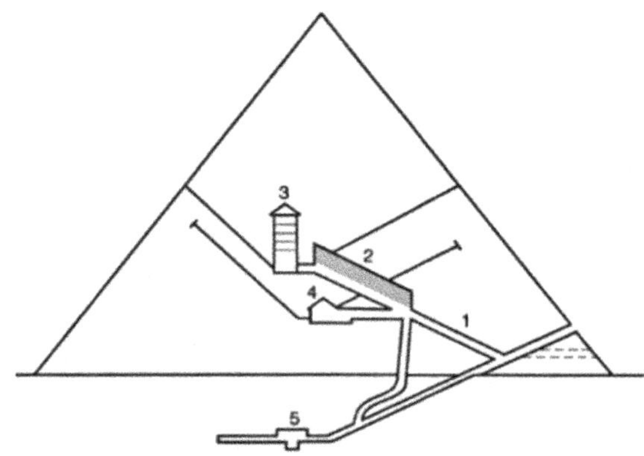

1. Couloir ascendant
2. Grande galerie
3. "Chambre du roi »
4. "Chambre de la reine »
5. Pièce souterraine

13.3.A. ENTRÉE DE LA PYRAMIDE

L'entrée de cette pyramide, ainsi que de toutes les autres VÉRITABLES pyramides, se trouve sur la face nord.

>> La véritable entrée est restée cachée sous des blocs de pierre durant des milliers d'années, et était donc invisible.

En référence historique, Hérodote n'a mentionné aucun passage. L'historien gréco-romain Strabon (Ier siècle de notre ère) annonça que *l'entrée de la pyramide était cachée derrière une pierre secrète, que l'on ne pouvait distinguer des autres pierres.*

Δ L'entrée actuelle utilisée par tous les visiteurs présente un aspect très rudimentaire. Il s'agit en réalité de l'entrée d'un passage forcé.

L'entrée originale est cette ouverture en dessous des immenses pignons en calcaire, située plus en haut et à gauche de l'entrée du passage forcé.

Pendant des milliers d'années, les hommes ont essayé de pénétrer dans la pyramide à la recherche d'or et de trésors.

Au IXe siècle, le calife arabe Al-Mamoun, ignorant l'existence de l'entrée originale, força le passage à travers la pierre, dans la sixième assise de maçonnerie, et arriva jusqu'au premier couloir intérieur de la pyramide. C'est alors seulement, en suivant ce passage intérieur, qu'il put trouver l'emplacement de l'entrée originale, et les blocs de pierre recouvrant l'entrée furent retirés.

Ci-dessous une vue du passage forcé, menant jusqu'au passage en descente.

Le passage forcé par Al-Mamoun mesurait 36 mètres de long, avant de rejoindre la jonction des passages originaux en montée et en descente.

>> Rien ne prouve, sur les surfaces extérieures et intérieures de la pyramide, que quelqu'un a pénétré dans la pyramide avant Al-Mamoun.

> Au bout de l'entrée forcée, nous pouvons remarquer comment le passage en montée était totalement bloqué à l'emplacement de la véritable entrée de la pyramide.

La véritable entrée était donc totalement bloquée de l'intérieur, tout comme de l'extérieur, par les blocs de pierre externes, qu'il était impossible de différencier.

Les deux entrées :

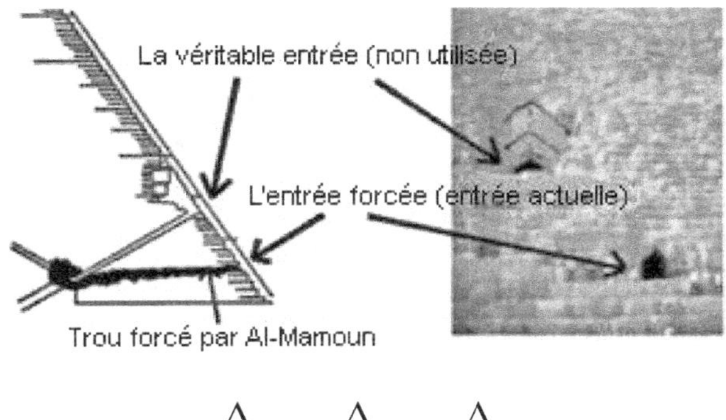

Δ   Δ   Δ

13.3.B. LE COULOIR EN DESCENTE ET LA PIÈCE SOUTERRAINE

Δ Au fond du passage forcé par Al-Mamoun se trouve le passage en descente de la pyramide, qui part de l'entrée originale, à savoir la seule entrée prévue dans la pyramide.

Δ Cette fois encore, la descente, abrupte et étroite, affiche la pente habituelle 2:1. Le passage mesure seulement 1,1 m de large et 1,2 m de haut.

Δ Ce passage en descente suit exactement la direction nord-sud (méridional).

Δ Le passage mesure 105 m de long, auxquels on ajoute le couloir horizontal de 8,83 m avant d'atteindre la pièce souterraine.

Δ **Le passage incliné** descend au-delà de la base de la pyramide dans le substrat rocheux, jusqu'à la pièce souterraine.

Pyramide de Khoufou (Profil partiel).

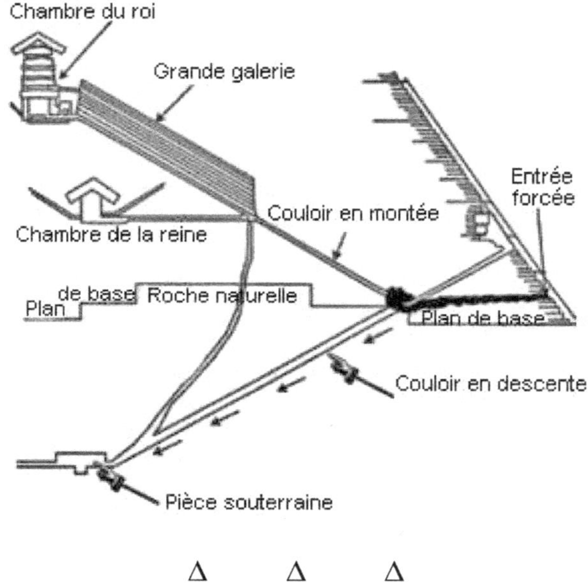

Δ   Δ   Δ

La pièce souterraine se trouve à 183 m sous le sommet de la pyramide. Cette pièce rudimentaire est dépourvue d'inscriptions. Elle mesure environ 14 x 8,3 x 3,5 m. Personne ne connaît la fonction de cette pièce, mais cela n'a pas empêché à beaucoup de fabriquer des réponses.

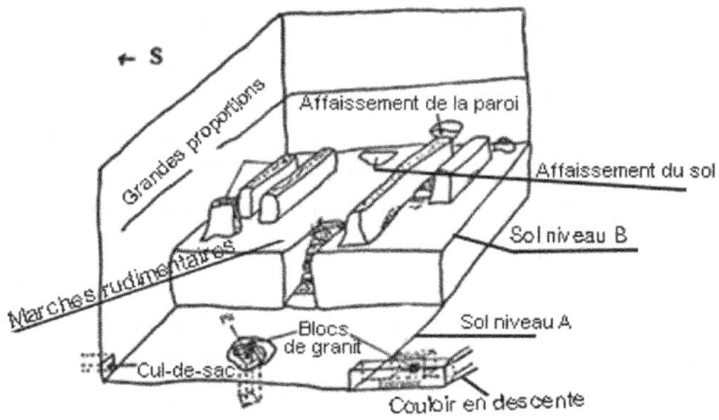

Remarque : le dessin étant schématique, il n'illustre pas correctement le fait que les parois, le sol et le plafond de cette pièce sont très irréguliers et à l'état brut.

Δ Certains soutiennent que la pièce souterraine devait servir à l'enterrement du roi et que les Égyptiens changèrent leurs plans, abandonnèrent cette pièce et choisirent celle actuellement connue sous le nom de "Chambre de la Reine". Puis, ces mêmes personnes ont avancé un autre changement de plan, selon lequel les Égyptiens auraient abandonné la "Chambre de la Reine" au profit de la "Chambre du Roi".

Δ Aucune preuve, matérielle ou autre, ne vient étayer cette hypothèse de changement de plan dans cette pyramide.

Δ Il est possible que cette pièce fasse simplement partie du réseau de canalisation énergétique de cette pyramide.

Δ Il se peut que cette pièce ait déjà existé avant même que la pyramide fût construite.

Δ   Δ   Δ

13.3.C. LE COULOIR EN MONTÉE

En poursuivant la montée dans ce passage très étroit, le plafond se fait très bas. Ce couloir mesure seulement 1,2 m de haut et 1,1 m de large, sur une inclinaison affichant un angle de 26 degrés et demi (pente classique 2:1).

Le couloir en montée mesure uniquement 39 m de long, mais il semble beaucoup plus long au fur et à mesure que l'on avance dans ce couloir étroit.

∆ Ce passage en montée suit la direction exacte nord-sud, il est donc méridional.

∆ Les murs sont dépourvus d'inscriptions et de dessins, tout comme dans les pyramides précédentes.

∆ **Le couloir est trop bas et étroit pour pouvoir y avancer debout.**

∆ Le sol original est très glissant. Du fait de la présence inévitable du sable au sol, il serait presque impossible de ne pas glisser jusqu'en bas.

∆ Dans les années 40, des mains courantes et des rampes en bois avec des bases métalliques de sécurité ont été installées. Actuellement, la pyramide est également éclairée à l'intérieur.

∆   ∆   ∆

13.3.D. LE COULOIR DE LA "CHAMBRE DE LA REINE"

Réorientons-nous de nouveau dans la pyramide :

∆ Le couloir ascendant se divise en deux : une section mène à la Grande Galerie, tandis que l'autre, horizontale, mène à la "Chambre de la Reine".

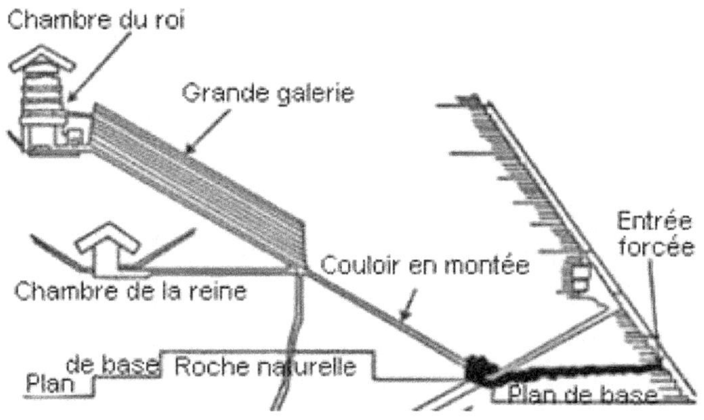

À la jonction du couloir en montée et du passage horizontal se trouve l'ouverture d'un puits qui descend en partie verticalement et en partie sur une pente raide à une profondeur de 60 mètres. Il débouche sur la partie inférieure du couloir en descente.

Δ Retrouvons maintenant le couloir en montée. Nous sommes prêts à pénétrer dans un autre passage étroit. Nous poursuivons notre chemin jusqu'au bout du passage horizontal, qui débouche sur la soi-disant "Chambre de la Reine".

Δ Remarquons à nouveau l'absence totale d'inscriptions et de peintures dans les intérieurs de toutes ces VÉRITABLES pyramides.

Le couloir horizontal est si petit que l'on doit presque ramper pour avancer.

Avancée en rampant dans le couloir de la "Chambre de la Reine"

Ce passage bas et étroit mesure uniquement 1,2 m de haut et 1,1 m de large. Ce passage, trop petit lui aussi, est une véritable épreuve pour le dos.

Le couloir mesure 39 m de long et se trouve dans le corps central de l'édifice.

Alors que nous approchons de la pièce en calcaire avec un plafond à deux versants, le sol subit mystérieusement un brusque dénivelé de 0,5 m jusqu'au bout du passage.

Ce dénivelé, intentionnel, faisait peut-être tout simplement partie du schéma de canalisation énergétique de cette pyramide.

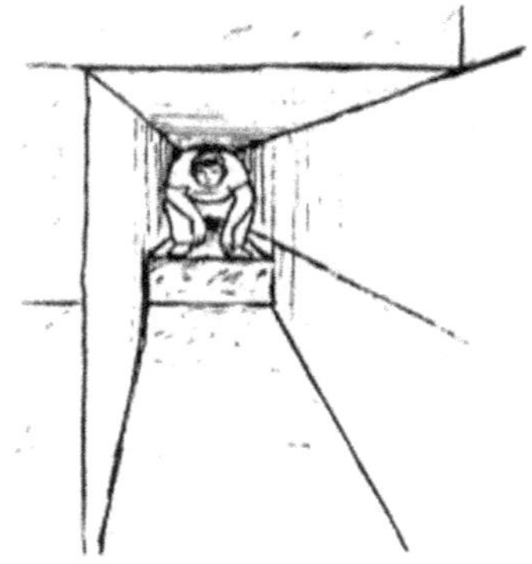

**Le brusque dénivelé mystérieux
dans le couloir menant
à la "Chambre de la Reine"**

Pour certains, le recours à l'hypothèse "c'était un changement de plan" est tout simplement l'échappatoire typique des académiciens lorsqu'ils ne comprennent pas quelque chose.

Δ   Δ   Δ

13.3.E. LA "CHAMBRE DE LA REINE"

Voici l'entrée de la soi-disant "Chambre de la Reine", même si tous les spécialistes concordent sur le fait que personne n'y a jamais été enterré.

Δ Le nom de "Chambre de la reine" donné à cette pièce fut une appellation arbitraire de la part des Arabes qui s'introduisirent par la force dans la pyramide.

Δ Les parois de la pièce sont toutes en calcaire, recouvert de plâtre. Le sol est resté à l'état brut.

Δ Cette pièce se trouve exactement sur l'axe est-ouest de la pyramide.

Δ Cette pièce a toujours été vide et tous les spécialistes concordent sur le fait que personne n'y a jamais été enterré.

Δ À l'image des autres VÉRITABLES pyramides, les parois sont totalement dépourvues d'inscriptions et de peintures.

Δ Certains suggérèrent que cette pièce avait été construite pour enterrer le roi et que les Égyptiens ont par la suite modifié leur plan pour la deuxième fois. La première fois, il s'agissait de la pièce souterraine sous la base de la pyramide.

Ces hypothèses farfelues ne reposent sur aucun fondement. Au contraire, les preuves matérielles contredisent radicalement cette théorie. Dans cette pièce se trouvent deux conduits longs et étroits, qui ont été appelés à tort *conduits de ventilation.*

Leur section transversale mesure environ 20 cm x 20 cm. Ces deux conduits sont scellés aux deux extrémités. Ces conduits ont été ajoutés au corps principal, au fur et à mesure que la pyramide s'élevait.

Si les Égyptiens avaient abandonné cette pièce au profit de celle que nous appelons actuellement la "Chambre du Roi", il n'y aurait eu aucune raison d'étendre les conduits de la "Chambre de la Reine" au-delà du niveau du sol de la "Chambre du Roi". Et pourtant, c'est ce qu'ils ont fait.

Le conduit sud fut prolongé sur 19,5 mètres au-dessus du niveau du sol de la "Chambre du Roi", devenant ainsi presque parallèle au conduit sud de la "Chambre du Roi" sur une distance de 25 mètres.

∆ Les deux conduits, dont l'un se dirige vers le nord et l'autre vers le sud, ne débouchent pas vers l'extérieur de la pyramide, preuve qu'ils n'avaient pas été conçus pour ventiler la pièce, comme certains l'ont supposé.

∆ On les a appelés "conduits de ventilation", car personne ne savait comment les définir autrement.

∆ Le conduit nord présente plusieurs déviations, car il fait le tour de la Grande Galerie.

Aucune erreur n'a donc été commise dans l'alignement du conduit nord, car cette situation se reproduit dans la "Chambre du Roi", qui se trouve à plusieurs niveaux au-dessus de la "Chambre de la Reine".

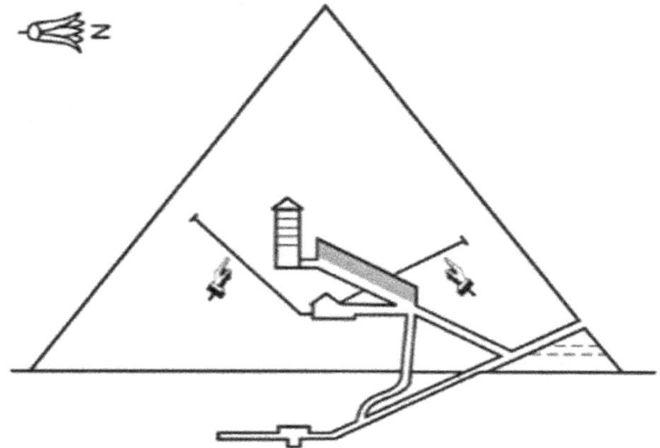

Orientation des deux conduits dans la "Chambre de la Reine"

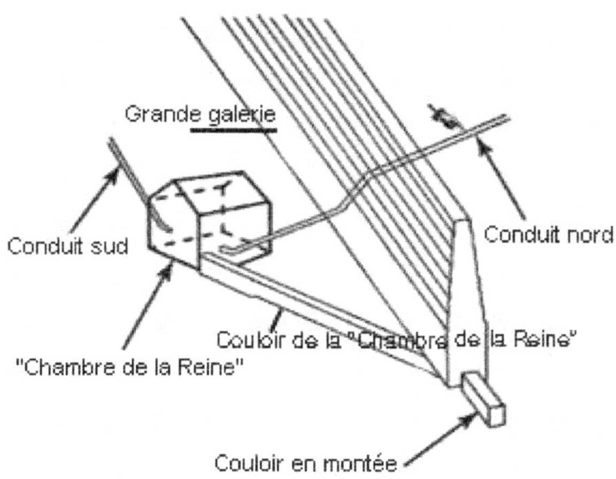

Déviation du conduit nord

Δ   Δ   Δ

13.3.F. LA GRANDE GALERIE

On arrive à la Grande Galerie après être revenus sur nos pas, depuis la "Chambre de la Reine" par le couloir horizontal, jusqu'à la fin du couloir en montée.

Donc, si vous vous souvenez, nous sommes passés par le couloir en montée étroit et très pentu.

Δ Le couloir en montée très étroit mène à la Grande Galerie, très spacieuse, mais aussi raide que le couloir en montée. Comme tous les passages intérieurs, la pente de cette galerie est la diagonale d'un rectangle 1:2.

Δ Une rampe en bois moderne a été installée tout le long du sol lisse et poli pour faciliter le passage. Sans cette rampe, il serait impossible de grimper le long de cette surface lisse en pente raide.

Δ La galerie est un superbe chef-d'œuvre mesurant 48 m de long, 8,5 m de haut, 1,6 m de large en bas et 1 m de large en haut, avec un plafond en encorbellement composé de sept marches inversées – **exactement comme nous l'avons vu dans les pyramides précédentes érigées par le roi Snéfrou.**

Δ Encore une fois, tout comme les intérieurs de cette pyramide [et de toutes les autres véritables pyramides], les parois sont totalement dépourvues de dessins et/ou d'inscriptions.

Δ   Δ   Δ

Tout juste avant d'atteindre l'extrémité supérieure de la galerie, le niveau se stabilise après une marche d'un mètre de haut.

En haut de la paroi sud (extrémité supérieure de la galerie) se trouve une petite ouverture menant à un passage forcé, creusé pour atteindre la zone appelée Chambre de Davison, au-dessus du plafond en granit de la "Chambre du Roi".

Cette Grande Galerie, superbe et spacieuse, termine à l'extrémité supérieure. En haut, la Grande Galerie aboutit à une ouverture petite et étroite avant d'arriver, encore une fois à quatre pattes, à la "Chambre du Roi".

Cet espace, petit et étroit, est suivi d'une zone spacieuse, avant de revenir à un couloir très étroit.

Ce couloir mène à son tour à la pièce en granit, connue à tort sous le nom de "Chambre du Roi".

Δ   Δ   Δ

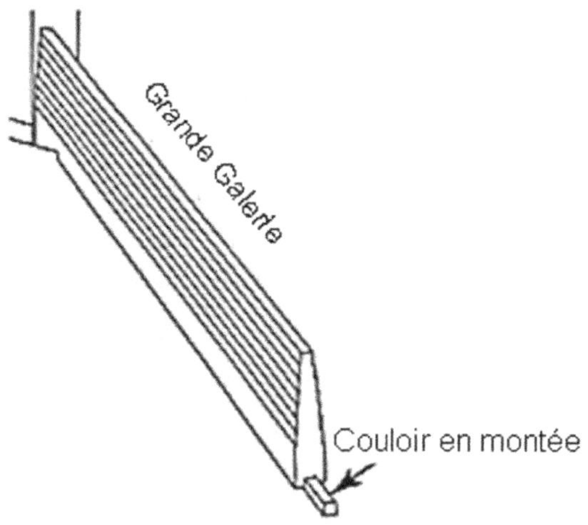

La Grande Galerie

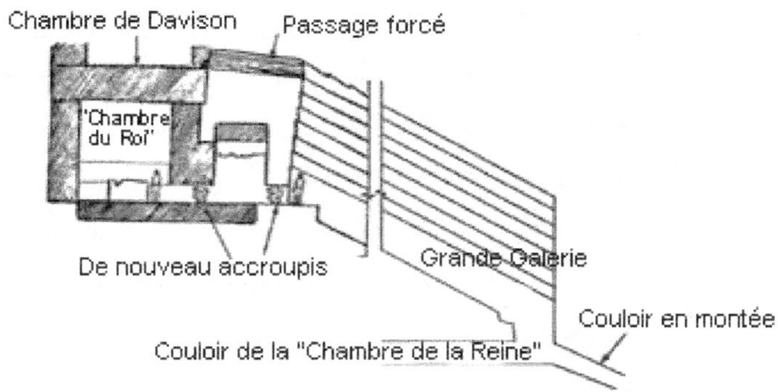

La Grande Galerie menant à la "Chambre du Roi"

13.3.G. LA "CHAMBRE DU ROI"

△ L'ouverture étroite sur la chambre est plus petite que le caisson en granit sans couvercle, qui ressemble (mais qui n'est pas) à un sarcophage, situé de l'autre côté de la pièce. Il est évident que ce caisson en granit sans couvercle a été placé à cet endroit avant la fin de la construction de cette pièce.

△ Une vue de profil de cette pièce et de son raccordement avec la Grande Galerie spacieuse nous montre deux zones très restreintes qui nous obligent à ramper pour passer de la galerie à la soi-disant "Chambre du Roi" en granit.

△ Hérodote n'a jamais fait mention de l'existence de cette pièce ni d'aucune autre pièce ou couloir dans la pyramide.

△ Cette pièce est entièrement construite en monolithes de granit lisse.

△ Les parois présentent cinq rangées contenant exactement cent blocs de granit.

△ Chaque monolithe pèse 30 tonnes et tous ces blocs sont parfaitement lisses. Aucun mortier n'a été utilisé pour les assembler.

△ Ils sont si parfaitement encastrés qu'il est impossible d'y enfiler la lame d'un couteau, ce qui est incroyable pour un poids et une taille de cette envergure.

△ Le plafond est composé de neuf monolithes immenses, dont certains pèsent plus de 50 tonnes.

Sur le toit de la "Chambre du Roi"

Δ Au-dessus des dalles du plafond se trouve une série de blocs en granit à peine dégrossis, qui contiennent cinq compartiments. L'espace au-dessus de la "Chambre du Roi" fut intitulé Chambre de Davison, d'après le nom de celui qui l'a découverte : Nathaniel Davison.

Δ Certains pensent que cette configuration particulière du plafond fut probablement conçue pour réduire la pression du poids colossal de la pierre au-dessus.

Cette théorie n'est pas convaincante dans la mesure où la "Chambre de la Reine", située plus en dessous, est soumise à une pression bien supérieure sans pour autant avoir été équipée de ce type de plafond.

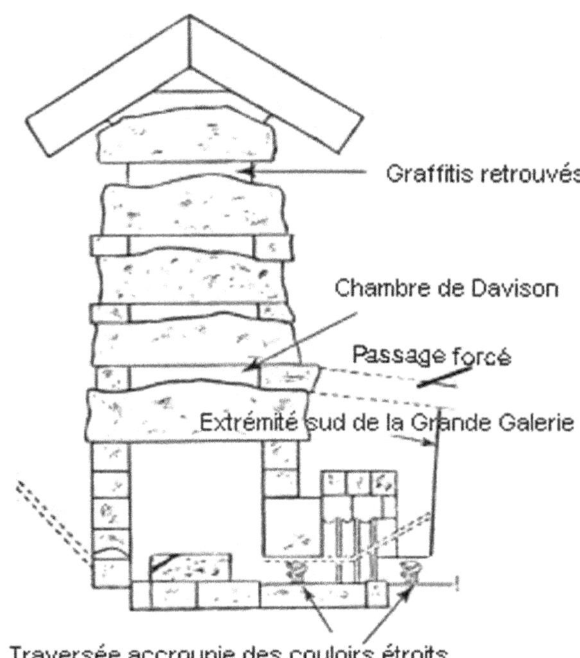

La "Chambre du Roi"

Δ Sur l'une des dalles supérieures figurent des inscriptions indiquant le nom de Khoufou (Khéops). C'est la seule référence à Khoufou à l'intérieur de la pyramide. Nous pouvons même nous demander si ces inscriptions ont été gravées sous le règne de Khoufou ou bien par un visiteur contemporain. La pyramide est totalement dépourvue de toute inscription officielle.

Δ À l'extrémité ouest de la pièce se trouve un mystérieux caisson vide, sans couvercle, en granit très lisse. Aucune inscription ne figure sur ce caisson.

Δ Le caisson en granit a été gravement endommagé par des chasseurs de souvenirs, qui ont cassé les bords pour en prendre des morceaux.

>> Le couloir portant à cette pièce est trop étroit pour y faire passer ce caisson. Ainsi, il a dû être placé dans la pièce au cours de la construction de la pyramide.

Δ Il n'y a pas la moindre preuve de la présence d'un corps dans cette pièce ni aucun signe de matériel funéraire ou fragment d'un objet quelconque. Aucun indice, aussi infime soit-il, n'a jamais été retrouvé dans cette pièce ni ailleurs dans la Grande Pyramide, témoignant d'un enterrement ayant eu lieu à cet endroit.

Δ La "Chambre du Roi".

Δ Malgré toutes les autres raisons, si nous supposons que cette pièce a été utilisée pour la momie du pharaon défunt, alors ce cercueil volumineux en granit a dû être placé dans la pièce durant la construction de la pyramide.

Ensuite, à la mort du Roi, ils ont dû tirer le corps du défunt dans ces couloirs difficiles, en le comprimant dans les endroits les plus étroits, pour poser la momie dans le cercueil en granit sans inscriptions !

>> **Si nous considérons l'ensemble de ces éléments factuels, il est évident que la théorie de la tombe est un affront à notre intelligence.**

Δ Aucun morceau de couvercle n'a jamais été retrouvé pour ce caisson en granit dans aucun des passages ou pièces de la pyramide.

De manière tout à fait hypothétique, si nous supposons que des pillards sont arrivés dans cette pièce pour en voler le contenu, ils auraient cassé le couvercle, mais ils auraient difficilement pris la peine de voler un couvercle cassé. Malgré des recherches méticuleuses, aucun fragment de couvercle en granit cassé n'a été retrouvé dans les passages et autres pièces de la pyramide.

Δ L'appellation "Chambre du roi" est/fut [tout comme pour la soi-disant "Chambre de la Reine"] un choix purement arbitraire – de la part des Arabes qui ont fait irruption dans la pyramide. Les sauvages arabes l'ont appelée "Chambre du Roi" sans aucun fondement.

Δ Les parois et le caisson en granit sont et ont toujours été dépourvus d'inscriptions.

Δ   Δ   Δ

Δ Cette pièce est sobre et puissante à la fois. Le sens le plus évident de la conception de cette pyramide réside dans le fait que sa configuration/proportion témoigne de la connaissance en Égypte antique de la géométrie sacrée appliquée à l'architecture tridimensionnelle.

1. Le plan au sol est un double carré (rectangle 2 x 1) mesurant 20 x 10 coudées égyptiennes (10,5 x 5,2 m).

2. Le double carré, divisé par une diagonale unique CA, forme deux triangles rectangles, affichant chacun une base de 1 et une hauteur de 2. La diagonale CA est égale à la racine carrée de 5 (2 236), à savoir 22,36 coudées en longueur effective.

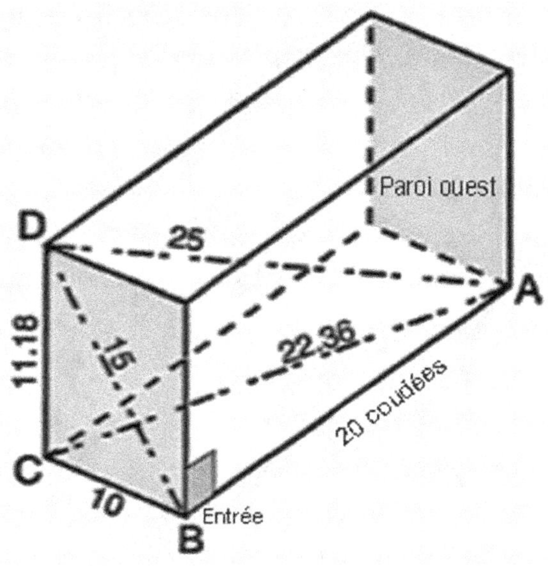

3. La hauteur de la pièce a été conçue pour mesurer la moitié de la longueur de la diagonale CA au sol, c'est-à-dire √5/2, ce qui correspond à 11,18 coudées (5,8 m) en longueur effective.

4. Le choix de CD comme hauteur de la pièce rend la diagonale DB (dans le triangle DCB) égale à 15 coudées. Nous obtenons comme résultat que les trois côtés du triangle ABD ont un rapport égal à 3:4:5.

5. La proportion harmonique de cette pièce montre le rapport intrinsèque entre 1:2:3:4:5 et démontre la relation dans la proportion harmonique divine entre le processus et la structure (géométrie sacrée).

6. Ceci démontre également que le théorème du triangle rectangle (appelé de Pythagore) était régulièrement appliqué dans les projets égyptiens, 2 000 ans avant la naissance de Pythagore lui-même.

Δ   Δ   Δ

Prêtons attention aux trous dans les parois nord et sud, appelés à tort "conduits de ventilation".

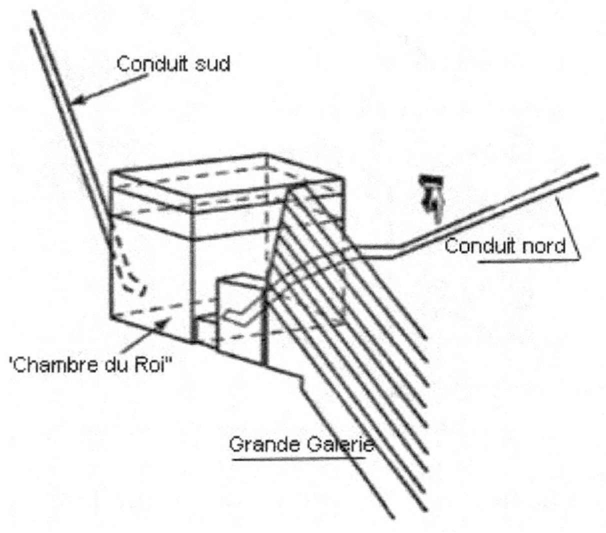

Déviation du conduit nord

Cette pièce est dotée de conduits qui présentent les mêmes dimensions de ceux de la "Chambre de la Reine", à savoir 20 cm x 20 cm.

Les deux conduits, ici, débouchent à l'extérieur de la pyramide, contrairement à ceux de la "Chambre de la Reine", qui n'arrivent pas à l'extérieur.

Appeler ces puits "conduits de ventilation" est sans fondement et va à l'encontre de toute logique. Les deux conduits obliques commencent à environ 1 mètre au-dessus du sol, tandis qu'une aération partirait logiquement du niveau du plafond à l'horizontale. Il est inutile d'avoir deux conduits inclinés traversant toute la pyramide.

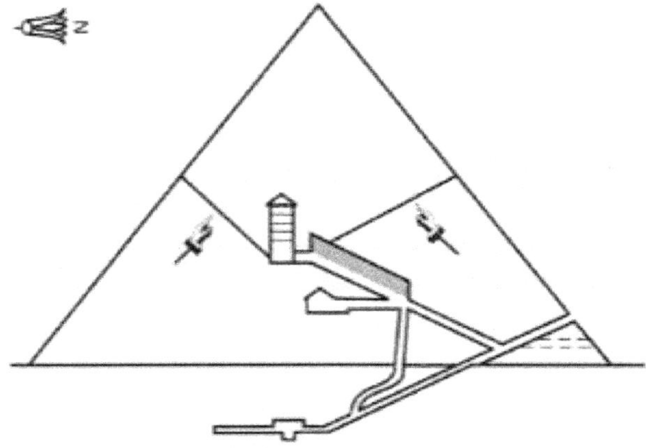

Orientation des deux conduits

dans la "Chambre du Roi"

CHAPITRE 14 : LA PYRAMIDE DE KHAFRÊ

14.1 L'EXTÉRIEUR

Non loin de la Pyramide de Khoufou **(Khéops)** se trouve la pyramide de Khafrê (Khéphren).

C'est à Khafrê (Khéphren), qui succéda à Djédefrê et régna de 2520 à 2494 avant notre ère, que l'on attribue la construction de cette pyramide. Comme toutes les autres pyramides en maçonnerie, celle-ci est essentiellement anonyme.

L'attribution à Khafrê (Khéphren) s'appuie sur les récits d'Hérodote ainsi que sur le complexe funéraire alentour, qui fait référence à plusieurs reprises à son nom.

Aucune inscription ne figure dans la pyramide.

Δ Pyramide de Khafrê

 Hauteur : 143,5 m

 Base : 214,5 m [erreur par rapport au nord géographique de 5'30"]

 Masse : 5,3 millions de tonnes

 Angle d'inclinaison : 53° 07' 48"

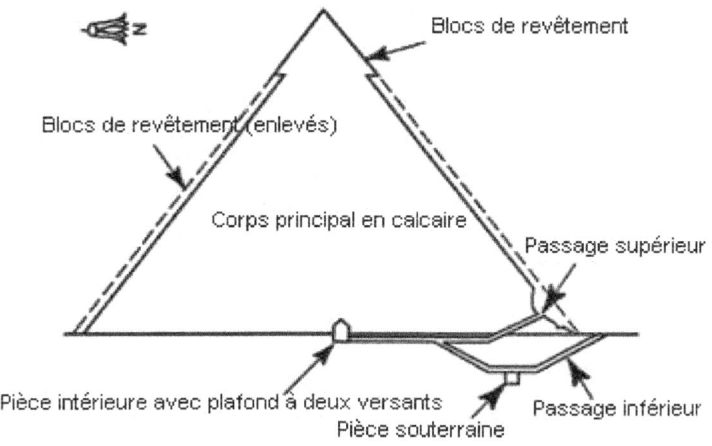

Intérieur de la pyramide de Khafrê

Bien que cette pyramide soit légèrement plus petite que celle de Khoufou, elle semble en réalité plus grande pour les raisons suivantes :

1. Elle a été érigée sur un sol légèrement plus élevé que celui de la pyramide de Khoufou.

2. Elle a conservé son sommet, tandis que la pyramide de Khoufou a perdu ses 10 derniers mètres.

S'agissant de la pyramide la mieux conservée du groupe de Gizeh, elle est proche de celle de Khoufou et est à peu près sa jumelle en taille.

Au sud et à l'ouest de cette pyramide, nous pouvons voir un affleurement de pierre locale, étant donné que le sol original était en pente dans cette zone. Les anciens Égyptiens ont dû niveler le sol sur deux côtés et remplir les zones les plus basses afin d'aplanir parfaitement la base.

>> **Ceci vient confirmer de manière significative l'état du**

calcaire local : très fragile, rempli de strates et de lézardes. En jetant un simple coup d'œil aux conditions impeccables des blocs de la pyramide et en les comparant avec la roche naturelle exposée sur le site, nous pouvons facilement conclure que les blocs ne pouvaient pas provenir de sources locales.

Le fait que les blocs ne soient pas tous de la même hauteur, mais qu'ils aient tous la même largeur vient également confirmer qu'ils sont en pierre artificielle.

La largeur uniforme des blocs est une indication ultérieure de leur obtention par moulage.

De même, le chimiste et égyptologue Joseph Davidovits a étudié les 22 gradins près du sommet et à découvert qu'ils ont 10 longueurs uniformes. Une preuve encore plus solide de l'utilisation de moules. Même si, de manière tout à fait hypothétique, nous ignorions les piètres conditions du calcaire naturel, les blocs n'auraient jamais pu être extraits en respectant une telle homogénéité des longueurs.

Autre élément venant étayer la thèse des blocs de pyramide en pierre artificielle, nous pouvons observer que sur certains blocs se dessine le contour d'une pierre incorporée dans le bloc, montrant ainsi que ces blocs ont été moulés et n'ont jamais été extraits de carrières.

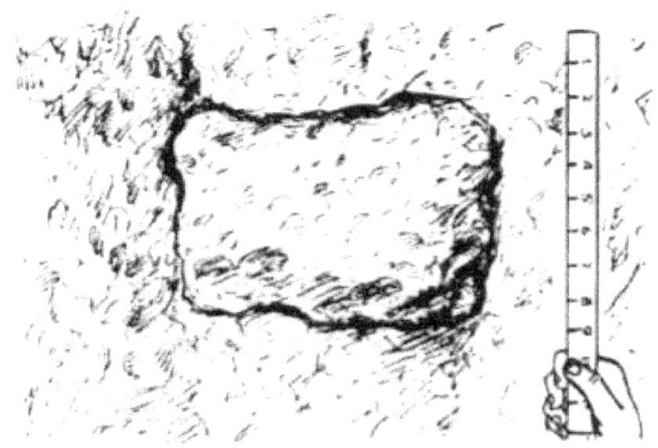

Une grande blocaille scellée dans un bloc en pierre

△ **Les blocs de revêtement se distinguent dans ce cas par les éléments suivants :**

– Les assises supérieures sont composées de blocs de revêtement en calcaire à grain fin.

– Les assises inférieures sont constituées de blocs de revêtement en granit.

– Les pierres de revêtement s'encastrent parfaitement avec des raccords à tenon-mortaise.

– Un grand nombre de pierres calcaires blanches de revêtement subsistent sur les assises supérieures.

– Aucune pierre de revêtement ne présente de coins ébréchés.

△ Les **immenses blocs de pavage** entourant la pyramide sont une confirmation ultérieure que les blocs de la pyramide sont en pierre artificielle. Nous pouvons clairement voir ces blocs à angle droit, très résistants, parfaitement encastrés, mesurant chacun plusieurs mètres de long.

Ils sont assemblés en une superbe mosaïque singulière.

Δ Nous retrouvons des configurations semblables près des autres pyramides, ainsi que sur les chaussées entre chaque temple de la pyramide et son temple de la vallée.

Δ Tout au long de l'histoire, les anciens Égyptiens ont évité d'utiliser les simples joints à enclenchement brusque. La création constante d'angles continus favorisait le flux libre des énergies.

[Pour plus d'informations sur l'application de ces modèles de jonctions délibérées tout au long de l'histoire documentée de l'Égypte antique, dans les temples, les statues, les murs, etc., consulter notre livre *L'architecture métaphysique des anciens Égyptiens* ou son édition précédente *Egyptian Harmony: The Visual Music,* de Moustafa Gadalla.]

Δ Δ Δ

Δ Les propriétés de géométrie sacrée de la pyramide de Khafrê (Khéphren) sont exprimées dans sa section triangulaire composée foncièrement de deux triangles jumeaux 3:4:5, côte à côte, dont la hauteur serait de 4 unités et la base de 6.

Plus d'informations ont été fournies plus haut dans le chapitre 6 du présent ouvrage.

Δ Δ Δ

14.2 L'INTÉRIEUR

La structure intérieure de cette pyramide est d'une extrême simplicité en comparaison à celle de la pyramide de Khoufou.

Il y a deux entrées, l'une juste au-dessus de l'autre, menant à l'intérieur. L'entrée supérieure, située à 15 mètres au-dessus du sol, représente l'entrée classique et est utilisée pour pénétrer dans la pyramide.

Le passage étroit suit la diagonale d'un rectangle 1:2 et descend dans le lit rocheux. Il se stabilise et continue à l'horizontale jusqu'à une grande pièce en calcaire. Les parois de la section en pente et une partie de la section horizontale sont recouvertes de granit rouge pour des raisons encore inconnues. Les passages sont ici aussi totalement dépourvus d'inscriptions.

Le couloir exigu mène à la seule pièce présente à l'intérieur de la pyramide, qui mesure 14,2 m x 5 m x 6,9 m. Cette pièce a été creusée dans la roche et dotée d'un plafond à deux versants avec des dalles en calcaire. Ces dalles ont été posées avec le même angle que les faces de la pyramide.

Ce simple toit à deux versants arrive à soutenir tout le poids de la pyramide au-dessus. Vous vous souvenez du plafond de la "Chambre du Roi" dans la pyramide de Khoufou ? Ce qu'ils appellent les "pierres de soutien", au-dessus de la "Chambre du Roi", n'étaient pas nécessaires à des fins structurelles, car nous pouvons constater qu'un simple toit incliné au-dessus d'un plafond plat aurait suffi du point de vue structurel.

Donc, ce qu'ils ont appelé "pierres de soutien" dans la "Chambre du Roi" de la pyramide de Khoufou ne servaient pas à la structure de la pyramide mais à des objectifs non structurels.

Δ Cette pièce fut découverte pour la première fois en 1818 par

Belzoni. Il découvrit que l'entrée près du sol était bouchée par 3 blocs en granit.

Δ À l'extrémité ouest de cette pièce entièrement vide se trouve un superbe caisson en granit poli, vide et sans inscriptions, mesurant 2,6 m x 1,05 m, avec une profondeur d'un mètre. Ce sarcophage est "enterré" à fleur de terre.

Δ Lorsqu'il entra pour la première fois dans la pyramide en 1818, Belzoni a découvert le couvercle cassé en deux morceaux à côté du sarcophage. Belzoni ne trouva jamais de momie ni de trace d'enterrement. Il n'y a aucune preuve quelconque que Khafrê ou quiconque ait été enterré dans le sarcophage en pierre, scellé dans la pièce principale.

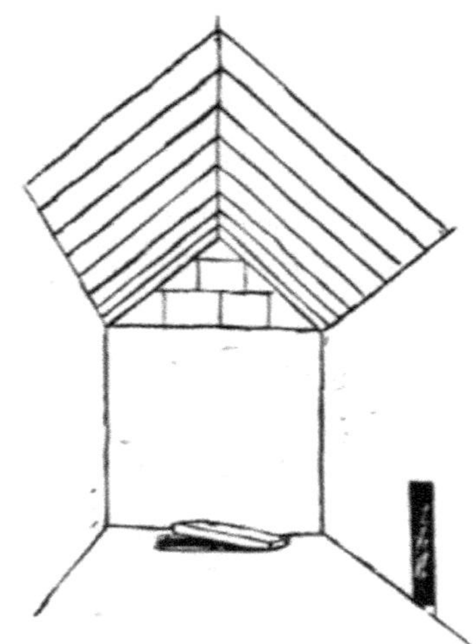

Chambre intérieure de Khafrê

Pour rejoindre l'entrée inférieure de la pyramide, nous devons ressortir de la pyramide et la chercher.

Δ Le passage inférieur dans le substrat rocheux conduit à une grande pièce souterraine vide et dépourvue d'inscriptions.

Δ   Δ   Δ

CHAPITRE 15 : LA PYRAMIDE DE MENKAOURÊ

La troisième pyramide de Gizeh est attribuée à Menkaourê (Mykérinos), qui régna de 2494 à 2472 avant notre ère.

Cette pyramide, tout comme les autres véritables pyramides, est anonyme. Il n'y a aucune inscription nulle part. Seuls les récits d'Hérodote et les références à son nom sur les mastabas environnants font de lui le père potentiel de cette pyramide.

Cette pyramide est beaucoup plus petite que les deux autres pyramides de Khoufou et Khafrê. Elle correspond seulement à 7% de la taille de la pyramide de Khoufou, bien que Menkaourê ait régné pendant 18 ans et ait eu tout le temps d'ériger une pyramide aussi grande que les deux autres à Gizeh.

>> Menkaourê ne visait pas à ériger une pyramide plus grande, dans la mesure où il ne s'agit pas d'un monument personnel. Sa pyramide était simplement un maillon du plan directeur, dont le centre était à Saqqarah. Et pourtant, cette petite (et dernière) pyramide construite en pierre est la plus harmonieuse de toutes. Ce fut la dernière de la série.

Δ   Δ   Δ

Nouvelle vue du Plateau de Gizeh :

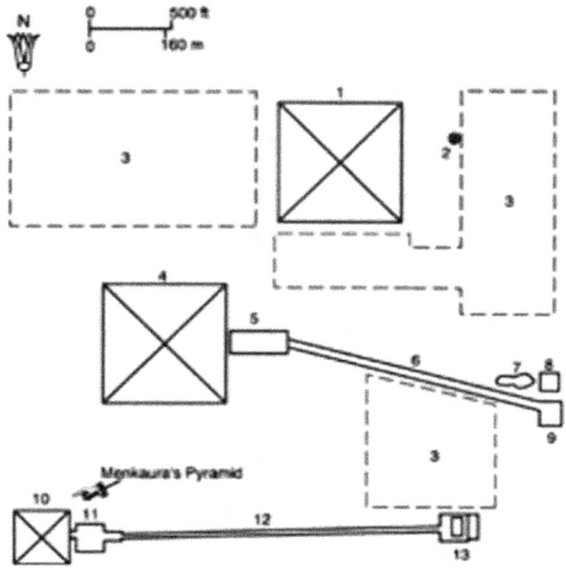

1. Grande pyramide de Khoufou (Khéops).
2. Tombe d'Hetephérès.
3. Champs de mastabas.
4. Pyramide de Khafrê (Khéphren).
5. Temple de la pyramide de Khafrê.
6. Chaussée vers le temple de la vallée de Khafrê.
7. Grand Sphinx.
8. Temple du Sphinx.
9. Temple de la vallée de Khafrê.
10. Pyramide de Menkaourê (Mykérinos).
11. Temple de la pyramide de Menkaourê.
12. Chaussée de Menkaourê.
13. Temple de la vallée de Menkaourê.

15.1 L'EXTÉRIEUR

Les blocs de revêtement sont différents de ceux des deux autres pyramides de Gizeh. La moitié inférieure des blocs de revêtement est faite en granit brut, à l'exception de la face nord de la pyramide, autour de l'entrée et dans une zone correspondante sur la face est, où les blocs sont en granit fin.

La moitié supérieure de la pyramide était entièrement revêtue de calcaire à grain fin, mais fut détruite par les Arabes. En 1196 de notre ère, l'un des souverains musulmans d'Égypte essaya de détruire cette pyramide mais dû s'interrompre à cause des coûts très élevés de l'opération.

Bien qu'il s'agisse de la plus petite et la plus récente des trois pyramides sur le plateau de Gizeh, celle-ci présente une conception harmonique tout à fait intéressante.

Δ Sa section transversale se rapproche de celle d'un triangle 5:8, représentant la proportion Neb (dorée). De plus, le rapport de la hauteur à la moitié de la diagonale serait de 8:9 (la tonalité musicale parfaite), avec un angle à la base de 51° 29' 53".

Pente : (de la face à la base) 51° 20' 25" (5/4)

(de l'arête à la base) 51° 29' 53" (8/9)

Δ La pyramide de Menkaourê se termine sur une note haute ou parfaite.

Δ   Δ   Δ

15.2 L'INTÉRIEUR

Dans cette pyramide, les couloirs sont très différents de ceux de Khoufou et Khafrê.

Il y a deux passages :

1. Le passage supérieur possède son entrée, comme d'habitude, sur la face nord de la pyramide, et elle se trouve à 4 mètres de hauteur. Ce couloir en descente, qui mesure

environ 31 mètres, est la diagonale classique d'un rectangle 1:2. La section oblique mène à un couloir horizontal qui à son tour mène jusqu'à la première pièce intérieure.

2. Le deuxième passage est taillé en dessous du couloir supérieur original. Le passage inférieur est utilisé pour entrer dans la pyramide et ses murs sont revêtus de granit. Il suit également, comme d'habitude, la pente de la diagonale d'un rectangle 1:2. Le couloir inférieur porte à l'ouest à un escalier, avant de descendre vers une pièce contenant six niches (appelée Chambre à Cellules). En poursuivant à l'ouest se trouve la chambre souterraine principale.

Δ Section transversale de la pyramide de Menkaourê

Base : 108 m (erreur par rapport au nord géographique de 14")
Hauteur : 67 m
Masse : 0,6 million de tonnes
Pente (de la face à la base) : 51° 20′ 25″ (5/4)
(de l'arête à la base) : 51° 29′ 53″ (8/9)

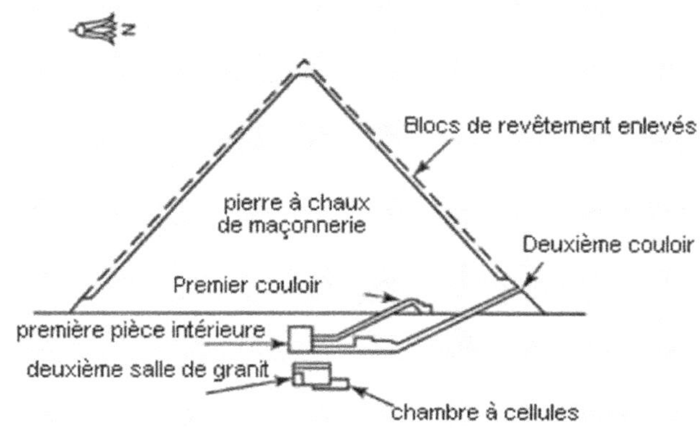

Section transversale de la pyramide de Menkaourê

La chambre souterraine principale a été creusée dans la roche et, une fois encore, elle est totalement revêtue de granit rouge et dépourvue d'inscriptions. Affichant la configuration d'une voûte parfaite en berceaux, le plafond est composé de grandes dalles en granit parfaitement encastrées. Les parties inférieures ont été taillées afin de fournir les supports au plafond en voûte.

Cette chambre en granit, qui est aujourd'hui vide, contenait auparavant le seul sarcophage en pierre retrouvé dans cette pyramide. Un sarcophage en basalte ne contenant aucune inscription ou autre signe. L'histoire veut que ce sarcophage ait été perdu en mer durant son transport vers la Grande-Bretagne. Étant donné qu'il est "perdu en mer", il fut bien facile de fabriquer des histoires autour et de prétendre qu'il s'agissait de la seule preuve manquante – hors de portée de main.

Δ Cette pyramide fut la dernière VÉRITABLE pyramide remontant à l'époque des pyramides.

Une conclusion merveilleuse.

PARTIE VII : APRÈS LES PYRAMIDES

CHAPITRE 16 : MISSION ACCOMPLIE

Inconsciemment, nous continuons de penser que les pyramides étaient des monuments personnels (ce qu'elles n'étaient pas). C'est la raison pour laquelle nous n'arrivons pas à comprendre pourquoi d'autres pyramides ne furent pas érigées. Leur construction ne fut pas interrompue. Leur mission était finie.

L'objectif de la construction des pyramides, considérées comme des structures capables d'attirer et de canaliser l'énergie cosmique, avait été atteint.

Δ   Δ   Δ

CHAPITRE 17 : LES TEXTES DES "PYRAMIDES"

Les tout premiers textes funéraires égyptiens ont été retrouvés dans la chambre funéraire souterraine et ses chambres secondaires. Ce sont ces textes funéraires, gravés sur les murs, que l'on appelle "Textes des Pyramides".

Les "Textes des Pyramides" sont un recueil de textes funéraires retrouvés dans les tombes sous les 5e et 6e dynasties (2465-2150 avant notre ère).

Les pyramides en maçonnerie égyptiennes furent érigées avant, sous la 4e dynastie. Ces pyramides sont totalement dépourvues de toute inscription, comme nous l'avons vu dans ce livre.

Les véritables grandes pyramides de Gizeh, Dahchour et Meïdoum furent construites sous la 4e dynastie (2575-2465 avant notre ère) et ne présentent aucune inscription. Par ailleurs, elles diffèrent, à tous autres égards, des tombes précédentes et successives, tout simplement parce que ce ne sont pas des tombes.

Le lieu le plus connu où furent retrouvés ces textes funéraires est la tombe du roi Ounas à Saqqarah, à la fin de la 5e dynastie, soit cent ans après la construction de la dernière véritable pyramide maçonnée sur le plateau de Gizeh.

Ces textes funéraires sont gravés sur les murs, dans la chambre sépulcrale souterraine et ses pièces secondaires.

Δ   Δ   Δ

Mais si nous observons le sommet de la tombe d'Ounas, nous remarquons un amoncellement de décombres. Ici, comme dans de nombreux autres cas dont nous parlerons plus loin, les Égyptiens utilisèrent le matériau qu'ils avaient creusé pour la tombe et posé ce matériau en surplus au-dessus de la tombe. Puis ils construisirent un périmètre en pierre solide entourant l'amas de décombres pour le maintenir en place.

Appeler ces amoncellements de débris "pyramides" vise tout simplement à brouiller les pistes et à confondre les VÉRITABLES pyramides avec des tombes. Pour en faire la même chose.

Ainsi, appeler certains textes de l'Égypte antique "Textes des Pyramides" est trompeur, comme l'ont fait les académiciens, pour nous forcer à croire que les pyramides étaient des tombes.

Pour démêler leur toile de supercherie, nous devons différencier les pyramides en maçonnerie des tombes recouvertes d'amas de décombres. Seules ces dernières présentaient ces textes funéraires.

Ces textes constituent la base de toute la littérature funéraire égyptienne postérieure, notamment : le *Livre pour Sortir au Jour* (connu à tort comme le *Livre des morts*), le *Livre de ce qu'il y a dans la Douat (ou le monde souterrain)*, le *Livre des Portes*, le *Livre des Cavernes*, les *Litanies de Rê*, le *Livre d'Aker*, le *Livre du Jour et le Livre de la Nuit*.

Ces textes n'étaient pas dédiés uniquement aux rois, mais ils étaient également inscrits dans les cercueils des nobles et des personnes appartenant à toutes les classes sociales.

Les Textes *funéraires* aidaient leur âme à évoluer de leur l'existence terrestre vers ce que les textes de l'Égypte antique décrivent comme :

« ...N devient une étoile d'or et rejoint la compagnie de Rê, N navigue avec lui à travers le ciel dans sa barque de millions d'années. »

[Pour plus d'informations sur les textes de transformation ("funéraires")], voir *Cosmologie égyptienne : l'univers animé* de Moustafa Gadalla.]

Δ   Δ   Δ

CHAPITRE 18 : LES GRANDS PHARAONS POSTÉRIEURS

Certains proclament, sans aucun fondement, que le secteur du bâtiment connut un véritable essor à l'époque des pyramides dans le but de donner du travail au peuple, et que l'économie égyptienne s'effondra à cause de ces "excès". Ces théories sont totalement infondées, excentriques et contradictoires avec les faits archéologiques et historiques attestés.

Dans la région de Saqqarah se trouve une simple tombe qui ne fut construite par nul autre que le roi Pépi II (2246-2152 avant notre ère). Oui, il ne fait aucun doute qu'il a régné pendant 94 ans. Sa chambre funéraire présente un sarcophage en granit, qui identifie clairement Pépi II.

La tombe de Pépi II contient quelques hiéroglyphes raffinés, mais la superstructure est et n'était autre qu'un amas de débris, à l'image de la structure de celle du roi Ounas. Pépi II fut le quatrième pharaon de la 6e dynastie. Il était très puissant et très riche et vécut très longtemps. On retrouve ses monuments commémoratifs sur tout le territoire égyptien, ainsi que dans différentes mines et carrières. Il aurait eu tout le temps et les ressources nécessaires pour ériger une pyramide comme celles de Gizeh, Dahchour et Meïdoum, et pourtant, comme nous l'avons vu ci-dessus, il fit construire cette petite *pyramide* factice.

Dahchour présente d'autres exemples de tombes royales sous

des amoncellements de débris, près des pyramides jumelles de Snéfrou – les pyramides rouge et rhomboïdale.

Il y a des "pyramides" factices, qui appartiennent à Amenemhat II (1929-1892 avant notre ère), Sésostris III (1878-1844 avant notre ère), Amenemhat III (1844-1797 avant notre ère). Toutes trois ont été construites avec un corps principal en briques d'argile brute et un revêtement en calcaire, aujourd'hui disparu. Il ne reste désormais de ces "pyramides" que des amas informes.

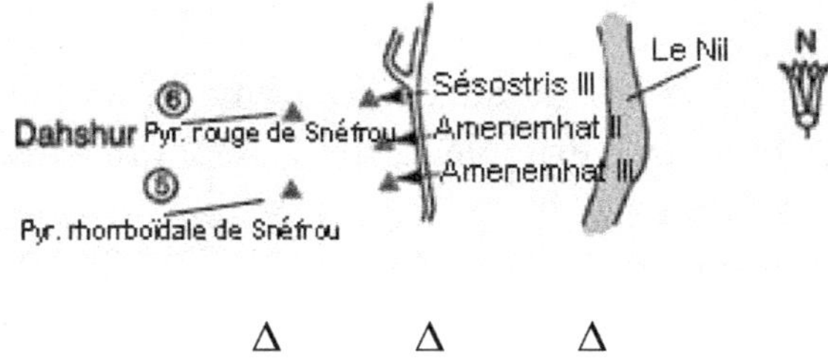

1

GLOSSAIRE

Avant notre ère – Correspond à : av. J.-C.

Béton – Matériau de construction composé de sable et de gravier, liés avec du ciment pour former une substance dure et compacte.

Constante du cercle – Désigne le rapport de la circonférence d'un cercle à son diamètre, et est égale à 22/7.

Coudée – Unité de mesure linéaire en Égypte antique, qui correspond à la distance entre le coude et le bout du majeur tendu. Une coudée = 0,523 6 m.

De notre ère – Correspond à : ap. J.-C.

Fête-Sed (heb-sed) – Fête dans l'Égypte antique associée à la régénération des pouvoirs spirituels et physiques du pharaon.

Inclinaison – Pourcentage ou degré de déviation d'une surface inclinée par rapport à un plan horizontal ou vertical. Rapport de la différence verticale divisée par la différence horizontale.

Mastaba – Signifie banc et désigne une structure en brique d'argile sur le sol. Les chambres funéraires des défunts se trouvent sous les mastabas.

Phi – (φ), voir Proportion Neb (dorée).

Pi – (π), voir Constante du cercle.

Proportion Neb (dorée) – **Nombre d'or** – la "clé pour comprendre la structure du cosmos". Elle s'obtient à l'aide d'un rectangle aux côtés 1:2. Si l'on doit faire une approximation, sa valeur est de 16 180...

Pyramide – Figure solide présentant une base polygonale et dont les côtés forment les bases de surfaces triangulaires qui se retrouvent à un sommet commun.

Textes des "pyramides" – Recueil de textes funéraires retrouvés dans les tombes des rois des 5e et 6e dynasties (2465-2150 avant notre ère).

2

BIBLIOGRAPHIE SÉLECTIVE

Aldred, C., *Egypt to the End of the Old Kingdom*, Londres, 1965.

Alvarez, L. W. et al. *Search for Hidden Chambers in the Pyramids*, *Science* 167 (1970).

Badawy, Alexander, *Ancient Egyptian Architectural Design*, Los Angeles, 1965.

Badawy, Alexander, 'The Stellar Destiny of Pharaoh and the so-called Airshafts in Cheops's Pyramid', in *MIOAWB*, band 10, 1964.

Breasted, James Henry, *A History of Egypt*, New York, 1924

Brecher, K. et Feirtag, M. *Astronomy of the Ancients*. Mass., 1979

Clarke, S. et Engelbach, R. *Ancient Egyptian Masonry*, Oxford, 1930.

Cornell, J., *The First Stargazers: An Introduction to the Origins of Astronomy*, Londres, 1981.

Davidovits, Dr. Joseph et Morris, Margie, *The Pyramids, An Enigma Solved*, New York, 1989.

De Cenival, Jean-Louis, *Living Architecture*, New York, 1964.

Edwards, I. E. S., *The Pyramids of Egypt, Rev. ed.* Harmondsworth, 1961; et Londres, 1972.

Erman, Adolf, *Life in Ancient Egypt*, New York, 1971

Fakhry, Ahmed, *The Pyramids*, Chicago, 1969.

Firth, C. M., Quibell, J. E. et Lauer, J.-P., *The Step Pyramid*, 2 vol., Le Caire, 1935-36.

Gadalla, Moustafa:

– *Ancient Egyptian Culture Revealed*, USA, 2007.

– *Egyptian Cosmology: The Animated Universe – 2nd edition*, USA, 2001.
– *Egyptian Divinities: The All Who Are THE ONE*, USA, 2001.
– *Egyptian Harmony: The Visual Music, USA, 2000.*

– *Historical Deception: The Untold Story of Ancient Egypt*, USA, 1999.
– *Pyramid Handbook, USA, 2000.*

Gardner, Martin, *The Magic Numbers of Dr. Matrix*, New York, 1985.

Grinsell, L., *Egyptian Pyramids*, Gloucester, 1947.

Hérodotes, *The Histories*, tr. A. de Selincourt, New York et Harmondsworth, 1954.

James, T. G. H, *An Introduction to Ancient Egypt*, Londres, 1979.

Lauer, J-P., *Le Problème des Pyramides d'Égypte*, Paris, 1948.

Lemesurier, Peter, *The Great Pyramid Decoded*, New York, 1977.

Mendelssohn, Kurt, *The Riddle of the Pyramid*, New York, 1974.

Murray, Margaret A., *The Splendour that was Egypt*, New York, 1957.

Pennick, Nigel, *Sacred Geometry*, New York, 1982.

Petrie, W. M. F., *The Pyramids and Temples of Gizeh*, Londres, 1883.

Smyth, Piazza, *The Great Pyramid, Its Secrets and Mysteries Revealed*, Londres, 1880.

Stewart, Desmond, *The Pyramids and the Sphinx, Egypt Under the Pharaohs*, New York, 1977.

Tompkins, Peter, *Secrets of the Great Pyramid*, New York, 1971.

Trimble, V., 'Astronomical Investigations concerning the so called Airshafts of Cheops's Pyramid', in *JEA*, 21; 1936.

West, John Anthony, *The Travelers Key to Ancient Egypt*, New York, 1989.

Wilkinson, J. Gardner, *The Ancient Egyptians: Their Life and Customs*, Londres, 1988.

Nombreuses références en langue arabe.

3

SOURCES ET NOTES

Au cours de mes recherches, j'ai consulté des dizaines de livres. Beaucoup d'entre eux ont une finalité purement commerciale, et sont voués à vendre "à tout prix". Malgré leur succès commercial, le fait que ces ouvrages soient cités parmi mes sources n'est pas un signe de respect de ma part.

La très grande majorité de mes sources a été rédigée par des auteurs exprimant un parti-pris et suivant (de manière consciente ou inconsciente) des paradigmes pro-occidentaux et/ou judéo-chrétiens.

Mes références aux sources sont énumérées dans la section précédente Bibliographie sélective. Elles sont indiquées uniquement pour les faits, événements et dates et pas nécessairement pour les interprétations faites de ces informations.

Il convient de noter en cas de référence à l'un des livres de Moustafa Gadalla que tous les ouvrages de cet auteur contiennent des annexes indiquant sa propre bibliographie détaillée ainsi que des sources et notes détaillées.

Chapitre 2 (Véritables pyramides)

Sources principales : Davidovits, Fakhry, Mendelssohn, Petrie et West.

Sources secondaires : Toutes les autres références énumérées.

Chapitre 3 (Saqqarah – Djéser)

Sources principales : Badawy (*Ancient Egyptian Architectural Design*), Clarke, De Cenival, Edwards, Fakhry, Firth (Quibell et Lauer), Grinsell, James, Lauer, Mendelssohn, Pennick et West.

Chapter 4 (Comparaison pyramides et tombes)

Les informations sur les tombes, leurs contenus et leurs fonctions furent obtenues par : Erman, Gadalla, James, West, Wilkinson.

Les différences entre les pyramides égyptiennes et les tombes furent obtenues par Gadalla, Mendelssohn et West.

Mendelssohn a fourni les arguments les plus convaincants en mesure d'annuler totalement la "théorie des tombes" avancée par les académiciens. En dehors de cela, le reste de l'ouvrage est une spéculation sans fondement.

Chapitre 5 (Complexe pyramidal)

Badawy (*Ancient Egyptian Architectural Design*), De Cenival, Gardner, Herodotus, Pennick et West.

Chapitre 6 (Pouvoir de la pyramide)

Sources principales : Gardner et West.

Abandon

Sources principales : West

Sources secondaires : pratiquement toutes les autres sources énumérées.

Chapitres 7 et 8 (Les techniques de construction)

La théorie commune

Pratiquement toutes les sources énumérées.

Le savoir égyptien

Sources principales : Davidovits, Firth (Quibell & Lauer), Gadalla (*Historical Deception*), West et Wilkinson.

Sources secondaires : Autres références répertoriées.

Les sources des pierres

Sources principales : Davidovits.

Davidovits, qui est un expert en géopolymère et technologie du béton, a présenté les faits concernant les matériaux et les techniques de construction de manière très méthodique. Cependant, il a traité avec beaucoup de négligence les aspects historiques et religieux de l'Égypte antique. Il n'a pas hésité à faire des suppositions sur ce thème sans aucune preuve.

Il est à noter que l'auteur s'est diplômé en génie civil en 1967 et qu'il a toujours travaillé dans ce domaine. L'auteur adhère aux conclusions de Davidovits, pour ce qui est des blocs de pierre naturelle et artificielle, grâce à ses connaissances sur ce thème technique et ses nombreuses inspections des monuments égyptiens.

Blocs synthétiques et naturels

Sources principales : Alvarez et Davidovits.

Il est à noter que l'auteur s'est diplômé en génie civil en 1967 et qu'il a toujours travaillé dans ce domaine. L'auteur adhère aux conclusions de Davidovits, dans ce domaine en particulier, grâce à ses connaissances sur ce thème technique et ses nombreuses inspections des monuments égyptiens.

Pierres de revêtement

Sources principales : Davidovits et West.

Sources secondaires : pratiquement toutes les sources énumérées.

Rampes fictives

Sources principales : Davidovits et West.

Chapitre 9 (Meïdoum)

Sources principales : Badawy (*Ancient Egyptian Architectural Design*), Davidovits, De Cenival, Fakhry, Lauer, Mendelssohn, Pennick et West.

Sources secondaires : toutes les autres références énumérées.

Chapitre 10 (Dahchour – pyramide rhomboïdale)

Sources principales : Badawy (*Ancient Egyptian Architectural Design*), Davidovits, De Cenival, Fakhry, Lauer, Mendelssohn, Pennick et West.

Sources secondaires : toutes les références énumérées.

Chapitre 11 (Dahchour – pyramide rouge)

Sources principales : Badawy (*Ancient Egyptian Architectural Design*), Davidovits, De Cenival, Fakhry, Lauer, Mendelssohn, Pennick et West.

Sources secondaires : toutes les références énumérées.

Chapitre 12 (Plateau de Guizeh)

Sources : pratiquement toutes les sources énumérées.

Chapitre 13 (Khoufou)

Khoufou – Extérieur

Sources : pratiquement toutes les autres sources énumérées.

Pour les aspects concernant la proportion harmonique (géométrie sacrée) : Badawy (*Ancient Egyptian Architectural Design*), De Cenival, Gardner et West.

Khoufou – Intérieur

Sources principales : Smyth et West.

Sources secondaires : pratiquement toutes les autres références énumérées.

Chapitre 14 (Khafrê)

Khafrê – Extérieur

Configuration :

Sources principales : Davidovits, Fakhry, Lauer et West.

Sources secondaires : pratiquement toutes les autres références énumérées.

Construction : Davidovits (pyramide), West (blocs de pavage).

Proportion harmonique (Géométrie sacrée) : Badawy (*Ancient Egyptian Architectural Design*)

Khafrê – Intérieur

Sources principales : Fakhry et West.

Sources secondaires : pratiquement toutes les autres références énumérées.

Chapitre 15 (Menkaourê)

Menkaourê – Extérieur

Configuration :

Sources principales : Davidovits, Fakhry, Lauer et West.

Sources secondaires : pratiquement toutes les autres références énumérées.

Construction : Davidovits (pyramide), West (blocs de pavage).

Proportion harmonique (Géométrie sacrée) : Badawy (*Ancient Egyptian Architectural Design*)

Menkaourê – Intérieur

Sources principales : Fakhry et West.

Sources secondaires : pratiquement toutes les sources énumérées.

Chapitre 16 (Mission accomplie)

Sources principales : Davidovits et West.

Sources secondaires : pratiquement toutes les autres sources énumérées.

Chapitre 17 (Textes des "pyramides")

Sources principales : pratiquement toutes les sources énumérées.

Chapitre 18 (Tombes des pharaons à Saqqarah et Dahchour)

Sources : pratiquement toutes les sources énumérées.